KB038394

뇌, 정신건강을 말하다

뇌, 정신건강을 말하다

초판 발행 2017년 2월 17일
초판 인쇄 2017년 2월 13일

글 쓴 이 손매남
펴 낸 이 최영민
펴 낸 곳 북앤로드
인 쇄 처 미래피앤피

주 소 경기도 파주시 회동길 325-22
전 화 031-8071-0088
팩 스 031-8071-8880
이 메 일 pnpbook@naver.com

출판 등록 2015년 3월 27일
등록 번호 제406-2015-31호

ⓒ 손매남 2017

I S B N 979-11-87244-06-6 13180
이 도서의 국립중앙도서관 출판예정도서목록(CIP)은 서지정보유통지원시스템 홈페이지(http://seoji.nl.go.kr)와 국가자료공동목록시스템(http://www.nl.go.kr/kolisnet)에서 이용하실 수 있습니다.(CIP제어번호: CIP2017003225)

* 북앤로드는 피앤피북의 임프린트 명입니다.
* 저작권법에 의하여 국내에서 보호를 받는 저작물이므로 무단전재와 복제를 금지합니다.
* 잘못된 책이나 파본은 구입하신 서점에서 교환해 드립니다.

치유상담전문가 손매남 박사의

뇌, 정신건강을 말하다

손매남

북앤로드
book&road

서문

뇌는 우리의 마음과 행동의 센터이며 우리 영혼의 하드웨어이다. 우리가 생각하고 느끼고 행동하고 유대관계를 유지하는 것이나 우리의 신앙까지도 뇌 기능의 영향을 받는다. 결국 뇌 없는 정신이나 마음은 존재할 수가 없다.

뇌는 구조와 그 기능에 따라 인간의 생명, 감정, 욕망, 행동 등이 매우 다르며 또 그에 기인한 정신건강에도 중요한 열쇠를 갖고 있다. 또 뇌는 스트레스 외상에 깊이 영향을 받기 때문에 청소년기의 외상 후 스트레스, 중년기 여성의 우울증, 노년기 우울증, 치매, 수면, 기억 등을 기술하여 뇌 과학의 전반적인 원리들을 알기 쉽게 정리하였다.

뇌 과학을 연구하는 학문은 매우 다양하다. 심리학에서는 신경심리학, 생물심리학, 인지심리학 등이 대표적이며, 생물학에서는 세포생물학, 신경생물학, 정신생물학, 분자생물학 등이 있고 최근에 와서는 당 생물학까지 등장하고 있다. 여기에 뇌와 관련해서 신경과학, 신경해부학, 뇌공학, 뇌의약학, 생명과학, 신경정신의학 등 다양한 분야에서 뇌를 연구하고 있다. 이렇게 다양한 분야에서 연구하는 뇌 과학을 한 권의 책으로 뇌의 원리와 실제를 서술하기란 대단히 어려운 작업이다.

필자는 뇌 치유상담학을 전공하는 분들을 위해, 뇌 과학, 신경생물학, 신경심리학, 정신건강상담학 등을 강의한 내용들과 극동방송에서 '손매남 박사의 정신건강' 칼럼에서 진행한 내용, 그리고 월간지 'Insurance'와 '월간목회' 등에 개제된 내용들을 엮어서 〈뇌, 정신건강을 말하다〉라는 제목으로 뇌 과학서를 선보이게 되었다.

지난번에 출간한 〈뇌를 알면 행복이 보인다〉는 뇌 과학의 열매 부분에 해당하는 책이었다면 〈뇌, 정신건강을 말하다〉는 뇌 과학의 원리와 실제를 다룬 것으로, 함께 읽으면 더욱 좋은 정보를 제공받을 것이다.

이 책이 뇌 과학에 대해 뜨거운 관심이 갖고 있는 일반 독자나 상담, 교육 그리고 정신건강에 관심이 있는 사람들에게 좋은 입문서가 되기를 바란다.

아울러 이 책의 출간을 위해 힘써주신 북앤로드 대표님과 직원들께 심심한 감사를 드리며 원고 정리와 교정에 수고한 한국상담개발원 편집부 직원들께도 깊이 감사를 드린다.

이 책을 읽는 독자들에게 한없는 주님의 사랑과 은혜가 넘치기를 소망하며...

2017. 2.
한국상담개발원에서
저자 손매남

추천사

지금 전세계는 뇌 과학에 대한 관심과 열풍이 여러 분야에서 일어나고 있습니다. 왜냐하면 뇌가 우리의 삶과 마음과 행동의 기능을 하고 있기 때문입니다. 뇌 과학은 일반인들이 다가가기 어려운 학문입니다.

상담전문가이신 손매남 박사님은 이 점을 쉽게 풀고자 〈뇌를 알면 행복이 보인다〉에 이어 그 후속편으로 〈뇌, 정신건강을 말하다〉를 집필해 뇌의 원리를 아주 쉽게 엮어 놓았습니다.

이 책은 넓고 깊은 뇌 과학을 체계적으로 이해할 수 있도록 우리의 삶에 적용하여 정신건강과 상담, 교육, 목회에까지 다양하게 정교하도록 구성되어 있는 점이 특징적입니다. 특이 Part 06 "성경은 뇌를 말한다"는 기독교가 아직까지 미처 다루지 못했던 성경적인 주제들을 뇌과학적으로 접근하여 치유를 제시한 것은 참으로 놀라운 일입니다.

뇌를 알면 정신건강이 보이고, 뇌를 알면 치유가 보이고, 뇌를 알면 행복이 보인다는 저자의 신념이 가득 풍겨나온 책이라서 더욱 감명을 받았으며, 누구나 읽어야 할 뇌 과학의 입문서로서, 정신건강과 치유상담의 개론서로서 적극 추천합니다.

2017. 2.
미국 Cohen University 설립 총장
Dr. Paul Kang

차례

PART 07

PART 08

PART 09

PART 10

PART 1

뇌의 구조, 기능을 말한다...

뇌는 이성을 말한다 / 대뇌피질

뇌는 감정을 말한다 / 대뇌변연계

뇌는 생명을 말한다 / 뇌간

뇌는 욕망을 말한다 / 시상하부

뇌는 모든 동작과 이동을 말한다 / 소뇌

뇌는 몸 전체를 말한다 / 척수

뇌는 이성을 말한다 / 대뇌피질

인간의 뇌는 1.4kg 정도로 인체의 2%에 불과하지만 마음과 정신, 몸을 조정하는 사령탑이다. 뇌는 대뇌, 뇌간, 소뇌의 세 부분으로 나뉘어져 있으며 구조물에 따라 그 기능이 모두 다르다. 대뇌는 대뇌피질로 둘러싸여 있으며 두 개의 반구로 나뉘는데, 뇌량(뇌들보)이라는 신경섬유의 두꺼운 띠로 연결되어 있다. 그리고 대뇌의 두 반구는 '엽'이라는 네 개의 구역으로 다시 나뉘고, 측두엽(청각, 미각, 후각)의 뇌 역시 세 개의 엽을 지닌다.

엽은 몸이 특정 기능을 수행하도록 지시하는데, 이 엽들의 도움으로 우리는 생각하고 판단하며, 사랑하고 망각하며, 창조하고 기억한다. 중요한 사실은 각각의 엽이 뇌간과 연결되어 호흡이나 소화 같은 자율

작용을 통제하며 모든 내적 체계를 관리한다는 점이다.

전두엽 (frontal lobe, 이마엽)

전두엽은 사고, 추리, 기억 및 말을 담당하며 지능이 존재하는 곳이다. 전두엽에는 언어 센터가 있어서 읽고 쓰고 말하는 능력을 담당한다. 몸의 모든 부분은 신경세포를 통해 전두엽과 연결되며, 이 연결을 통해 몸은 뜨거움, 차가움의 촉각 같은 감각신호를 전달받는다. 전두엽은 몸의 움직임을 조절하고 자극에 반응하며 성격을 형성한다. 전두엽과 측두엽을 합쳐서 연합영역이라고 하며, 연합영역 중에서도 앞쪽에 위치한 전두연합영역은 인간의 이성을 탄생시키는 곳이다.

전두엽의 신경세포는 도파민과 베타파를 생성하며, 도파민은 뇌의 전압을 조절한다. 도파민은 몸과 마음의 에너지이며 강하고 민첩하며 재치가 있다. 일반적으로 도파민 신경은 대뇌변연계에 밀집되어 있는데, 신경 말단에서 도파민을 방출하여 쾌감과 기쁨을 느끼게 하는 것으로 알려져 있다.

도파민의 균형 여부는 이의 부산물인 아드레날린을 통해 알 수 있는데, 도파민의 균형이 깨지면 중독성 장애, 비민, 심한 피로, 파킨슨 증상 등의 질병이 생길 수 있다.

두정엽 (Pariental lobe, 마루엽)

두정엽은 뇌의 맨 꼭대기 전두엽 바로 뒤쪽과 측두엽 위쪽에 위치하며 공간인지나 방향감각 같은 기능을 담당하면서 뇌 속의 생각을 만들어내는 공장이다. 두정엽은 좌우를 구별하여 현재의 문제를 인식하는 기능을 가지며 몸으로부터 전해지는 감각(특히 촉각) 신호를 이해하고 반응하며 무게, 모양, 재질 등을 판단하기도 한다.

또한 두정엽의 신경세포는 아세틸콜린과 알파파를 생성하며 아세틸콜린이 뇌의 속도를 조절한다. 일반적으로 아세틸콜린 신경은 해마를 중심으로 시상의 조금 아래쪽부터 운동영역까지 뻗어 있고, 신경 말단에서 아세틸콜린을 방출하는데, 각성, 학습, 수면에 깊이 관여하는 것으로 알려져 있다.

아세틸콜린은 모든 신경세포를 보호하고 있는 인체의 단열제인 수초에 필요한 기초 성분의 하나로 작용하고 있다. 아세틸콜린이 균형을 이루면 창조적이 되어 말 - 대화 - 생각에 즐거움을 느껴 사교적이고 열정적이 된다. 그러나 아세틸콜린의 균형이 깨지면 언어장애나 기억력 감퇴와 같은 악영향이 나타날 수 있다. 인지장애는 아동학습장애에서 알츠하이머병까지 전 범위에 걸쳐 나타날 수 있다.

측두엽 (temporal lobe, 관자엽)

측두엽은 청각과 미각 및 후각을 담당하며 장기기억을 저장하고 인출하여 청각학습과 시각학습 그리고 정서적 안정성과 언어의 이해, 처리 기능을 담당한다. 또한 소리뿐만 아니라 맛에 대한 기억도 저장한다. 측두엽의 신경세포는 가바와 델타파를 생성하며, 성격을 주관하는 전두엽과 생각과 행동을 주관하는 두정엽이 균형을 이루도록 도와준다.

가바(GABA)는 뇌의 천연 신경안정제로 뇌의 리듬을 통제하여 정신적으로나 육체적으로 안정감을 주고, 몸과 마음, 정신을 차분하게 해준다. 그러나 가바의 균형이 깨지면 두통, 고혈압, 심장두근거림, 발작, 성욕저하, 심장장애와 같은 신체적 악영향이 나타날 수 있다.

가바는 행복감을 주는 엔돌핀의 생성을 도와준다. 엔돌핀은 스트레칭, 운동 혹은 섹스와 같은 신체 활동 중에 뇌 속에서 생성된다. 엔돌핀이 방출되면 우리는 안정감이라는 가바의 특성을 경험하는데, 이를 엔돌핀 효과라 부른다.

측두엽에 문제가 생기면 언어장애, 의사소통의 오류 그리고 읽기장애가 나타난다. 반면 측두엽이 최적의 활동을 하는 경우에는 안정감이 나타나고 기분이 향상된다. 이 영역의 활동이 증가하거나 감소하면 감정기복이 심하고 쉽게 동요되며 일관적이지 않거나 예측하기 힘든 말과 행동을 한다.

후두엽 (occipital lobe, 뒤통수엽)

후두엽은 뇌의 뒤쪽에 있으며 시각과 시각정보를 담당하며 시각기억을 저장한다. 우리는 눈으로 보는 게 아니라 뇌로 보는 것이며, 시각기억은 후두엽에 저장된다. 여기서 후두엽과 두정엽을 '감각영역'이라고 일컫는데, 망막에 들어온 빛의 신호가 직접 세로토닌 신경을 흥분시킨다.

Braverman(2009)에 의하면, 후두엽은 세로토닌과 델타파를 생성함으로써 휴식을 취하고, 동시성을 재개하게 하는 뇌의 능력을 조절하는 것으로 알려져 있다. 일반적으로 세로토닌 신경은 시상하부, 대뇌변연계를 중심으로 뇌 전체에 뻗어 있으며 신경 말단에서 세로토닌을 방출한다. 세로토닌은 충동을 억제하는 역할을 하는데, 세로토닌이 부족하면 의욕과 성욕이 줄고 기분이 가라앉는다.

세로토닌은 뇌와 몸에 치유, 보살핌, 만족의 느낌을 주는데, 이것이 균형을 이루면 숙면을 취하고 잘 먹으며 이성적으로 판단하게 된다. 그러나 후두엽이 손상되거나 세로토닌의 균형이 깨지면 우울증, 호르몬 불균형, 생리 전 증후군, 섭식장애와 같은 신체적 악영향이 나타난다.

뇌량 (corpus callosum, 뇌들보)

뇌량은 좌뇌와 우뇌를 전기적으로 연결하는 신경섬유의 띠로, 두 반구가 상호 균형을 이루어 자신의 임무를 잘 수행하게 하는 신경집합이다. 좌뇌는 몸의 오른쪽 움직임을, 우뇌는 왼쪽 움직임을 통제한다. 또 각반구에 따른 우세한 행동 양상이 존재하는데, 사람마다 두 반구 중 어느 한 쪽을 즐겨 사용한다.

좌뇌형 인간은 생각, 분석, 정확성에 집중하는 경향이 있다. 이들은 규율을 잘 따르고 잘 정돈되어 있으며, 모든 일을 부분이나 결과의 관점에서 바라보는 경향이 있다. 이 경우는 가바가 우세한 사람이다. 전형적인 좌뇌형 인간은 모든 것이 질서정연한지를 확인하느라 에너지를 소비한다. 이들은 전통적 가치에 의존하며 상식과 철저함, 성실함의 축복을 받은 사람들이다.

우뇌형 인간은 느낌, 직감, 미적 정서에 집중하며 사교적이고 활동적인 동시에 에너지를 외부로 발산하기를 좋아한다. 이들은 충동적이고 개방적인 성격의 소유자일 가능성이 크며, 대개는 감정이입에 능하고 직관적이며 주관적이다. 우뇌형 인간은 아세틸콜린이 우세한 사람이다. 전형적인 우뇌형 인간은 낙천적이고 열정적이어서 사람을 끄는 매력이 있다. 따라서 다른 사람의 감정에 민감하다.

뇌량은 좌뇌와 우뇌가 갖는 최고의 요소를 혼합할 수 있게 해준다. 가령, 우리는 꿈을 꾸며 현실에서 일어나는 사건과 자신의 몽상을 창조적으로 조합한다. 좌뇌의 기억과 우뇌의 정서가 연결되어 의식이 통합될 때, 실제와 몽상의 결합은 이루어진다.

출생 후 3~6개월 사이에 우뇌의 수상돌기가 훨씬 더 발달하고 8~18개월 사이에는 좌뇌의 수상돌기가 더 발달되며, 7~12세에는 좌뇌의 수상돌기가 성장 고조기를 맞는다.(Diamond & Hopson, 1999)

뇌는 감정을 말한다 / 대뇌변연계

뇌의 중간층에는 해마, 편도체, 후각계, 측좌핵 등의 대뇌변연계가 있다. 대뇌변연계는, 기억, 의욕, 좋고 싫음, 공포 등에 관여하는 부분으로 마음속 감정을 만들어내어 '정서의 뇌'라고 부른다.

누구나 좋아하는 일만 하고 싶고 싫어하는 일은 하기 싫다. 대뇌변연계는 어떤 대상에 대해 좋고 싫음을 판단한 후, 좋아하는 것일 때는 의욕이 샘솟으면서 행동으로 이어진다. 한 마디로 대뇌변연계는 사람이 행동을 취하기 위한 정신력의 근원이다.

해마는 바다 속 해마처럼 살짝 구부러진 형태를 띠고 있으며 기억을 일시적으로 저장하는 단기기억의 중추이다. 이곳은 필요한 정보와 불필요한 정보로 구분하여 기억을 분류하고 저장한다.

해마 끝에 있는 편도체는 좋고 싫음이나 공포의 감정을 담당한다. 그래서 편도체가 손상되면 두려움을 느끼지 못한다. 원숭이들은 대개 뱀을 무서워하는데 편도체가 손상된 원숭이는 뱀이 가까이 다가와도 전혀 겁을 내지 않는다. 편도체는 부정적이고 두려운 감정뿐만 아니라 호감에도 관여한다. 보통 좋아하는 이성이나 싫어하는 이성을 판단하는 일도 편도체의 역할이다. 편도는 출생하면서부터 일찍 발달한다.

뇌는 생명을 말한다 / 뇌간

뇌간은 뇌의 아래쪽에 있고, 뇌의 진화과정 중에서 가장 오래된 기관이다. 뇌간은 호흡, 혈액순환, 발한 등 동물이 생명을 유지하기 위해 필요한 가장 기본적인 기능을 담당한다. 뇌사 또는 사망진단은 뇌간이 정지될 때 진단된다. 사람이든 동물이든 뇌간의 구조가 비슷한 이유는 '생명 유지' 기능 때문이다. 그래서 뇌간을 가리켜 생명의 파수꾼이라고 말한다, 뇌간은 24시간 기능하며, 덕분에 우리는 생명을 유지할 수 있다.

뇌간은 연수, 뇌교, 중뇌, 시상하부, 시상으로 구성되어 있다. 연수에는 호흡이나 혈액 순환의 중추가 밀집되어 있고 연수 바로 위에 뇌교가 있으며, 뇌교의 양 옆에 소뇌가 있다. 뇌교는 좌우의 소뇌를 연결해 주는 역할을 한다. 이 세 기관이 저마다 제 임무를 수행할 때 온몸의 근육이 원활히 움직인다. 뇌교의 위쪽에 위치한 중뇌는 자세와 걸음걸이를 조절한다. 집중력, 적극성, 기분을 담당하는 신경(세로토닌 신경과 노르아드레날린 신경)들도 중뇌에서 출발하여 뇌 전체로 뻗어 나간다.

뇌간의 맨 윗부분에는 시상이 있다. 시상은 뇌의 중심부 쪽에 있는데, 뇌의 정보가 들락날락하는 중계소와 같아 대뇌피질에서 근육을 움직이라는 정보를 보내기도 하고, 피부의 감각 정보를 대뇌피질로 보내기도 한다. 후각을 제외한 대부분의 감각 정보들이 시상을 지나간다.

뇌는 욕망을 말한다 / 시상하부

시상의 바로 밑은 시상하부다. 시상하부는 자율신경계와 내분비계를 통제하는데 자율신경의 뿌리는 시상하부와 뇌간이라 할 수 있다. 즉 시상하부는 인간의 욕망을 발생시키는 근원지이다. 예를 들어 음식을 먹고 싶다는 사실을 알려주는 섭식중추, 많이 먹어서 배가 부르다는 사실을 알려주는 만복중추, 성욕을 불러일으키는 성중추, 체온을 일정하게 유지하는 체온조절중추 등이 모두 시상하부에 있다. 시상하부는 4F를 조절한다. 즉 4F는 투쟁(fighting), 도피(fleeing), 섭식(feeding) 및 성행동(fornicating)이다. 그 뿐만 아니라 호르몬을 생성하고 우리의 '내부 시계'로 몸의 계획을 조절한다. 심장박동수를 결정하는 일도 시상하부의 역할이다.

체온이 갑자기 많이 내려가서 온몸을 부들부들 떨어본 경험이 있을 것이다. 근육을 움직여서 열을 발생시키는 것인데, 이 역시 시상하부의 작용이다.

뇌는 모든 동작과 이동을 말한다 / 소뇌

소뇌는 대뇌처럼 피질에 둘러싸여 있고, 좌우로 나뉘어져 있으며 골프공 크기의 꽃양배추 덩어리로, 4개의 엽 뒤에 있는 부위이다. 대뇌와 소뇌는 비행기에 나란히 앉은 조종사와 부조종사처럼 긴밀히 협력해 나간다.

대뇌의 바로 아래, 뒤쪽에 위치한 소뇌는 모든 동작과 이동을 조절하며 몸의 균형과 팔다리의 동시 동작과 같은 자동운동을 통제한다. 사람보다 큰 소뇌를 가진 고양이 같은 동물들은 놀라운 균형 능력을 갖는다. 소뇌의 활동을 검토하는 자체의 조절기가 있는데, 그건 바로 소뇌 앞에 있는 뇌 중앙 근처의 대뇌기저핵이다. 대뇌기저핵은 소뇌의 활동에 브레이크 역할을 하며, 소뇌는 몸의 동작과 이동을 조절하여 균형을 유지한다.

뇌는 몸 전체를 말한다 / 척수

뇌에서 나가는 길목에서 뇌간을 통해 뇌와 척수와 연결된다. 그리고 척수는 뇌 전체와 몸을 연결한다. 건강한 뇌와 척추는 척수액이라는 액체에 떠 있는데, 이것을 '생명의 바다'라고 부른다. 머리 전체에는 약 140그램 정도의 뇌 척수액이 있다. 뇌 척수액이 없으면 뇌는 건조해지고 쭈그러들고 딱딱해져서 결국 사망한다. 뇌 균형 효과 역시 생명의 바다에 의존한다.

최적의 건강을 위해서는 계속해서 뇌가 재생되어야 한다. 뇌 균형 효과가 일어나면 뇌 안의 필수 뇌 화학물질의 생산이 증가하고 고도의 지적 기능의 중심지인 대뇌피질 안에서 새로운 신경세포가 생성된다.

PART 2

뇌는 신경세포를 말한다

뇌는 신경세포와 교세포를 말한다

뇌는 신경세포의 축색과 수상돌기를 말한다

뇌는 신경세포 사이의 접합부, 시냅스를 말한다

뇌는 신경세포의 정보 전달을 말한다

뇌는 신경세포의 신경전달물질을 말한다

뇌는 신경세포의 감소와 증가를 말한다

뇌는 신경세포와 교세포를 말한다

뇌세포에는 신경세포(뉴런)와 교세포(지지세포) 두 종류가 있다. 뇌 전체는 1,000억 개의 뉴런이 있으며 대뇌피질의 신경세포는 120~150억 개, 소뇌는 700억 개, 척수에는 10억 개의 뉴런이 있다.

신경세포(뉴런)의 기능

신경세포(뉴런)는 정보를 수집, 전달, 처리한다. 뇌에는 온갖 정보가 들어온다. 눈과 코, 귀, 피부 등의 감각 기관이나 내장으로부터 끊임없이 정보가 전해진다.

신경세포는 이들 정보를 수집하여 다른 신경세포에 전달하고 처리한다. 그리고 그 정보를 바탕으로 손과 다리를 움직이는 명령을 내리기도 한다.

엄청난 수의 신경세포는 "눈으로부터의 정보는 내가 맡는다.", "운동 프로그램은 내가 만든다.", "이것은 중요하니까 내가 기억해둔다."라는 식으로 주특기 분야를 가지면서 서로 연결되어 활동하고 있다.

교세포의 기능

신경세포의 지지세포인 교세포는 뇌에 약 1조 개나 있다. 상의세포와 희돌기교세포, 성상교세포(별처럼 생긴 교세포), 미세교세포가 중추신경계에 있고, 말초신경계에는 슈반세포와 위성세포가 있으며 전기가 통하지 않는 절연체로 되어 있다. 신경세포를 따라 전해지는 정보는 전기 신호가 되어 진행되고 절연체가 없으면 누전되어 전달이 원활하게 이루어지지 않는다.

그 외에도 신경세포와 혈관 사이에 들어가 혈관을 흐르는 영양분을 신경세포에 전달하며, 뇌에 들어간 이물질과 죽은 신경세포를 부지런히 정리해서 신경세포가 안전하게 활동하는 환경을 만들고 보호해주기도 한다.

여기서 '교'는 '아교(glue)'라는 뜻으로 아교처럼 신경세포 주위에 있다는 이유로 이렇게 불리며, 조역이라고는 하지만 없어서는 안 되는 세포이다.

뇌는 신경세포의 축색과 수상돌기를 말한다

뇌의 정보처리를 담당하는 신경세포는 축색(軸索)과 수상돌기 두 종류이며, 이들을 사용해 정보를 수집하고 발신한다. 수상돌기는 외부로부터 자극을 받아들이는 역할을 하며 신경세포 하나가 10만 개의 수상돌기를 갖기도 하다. 축색돌기는 자극을 다른 신경세포(뉴런)에 전달하는 역할을 하며 단 1개뿐이다.

수초로 싸여 있는 축색

축색의 두께는 가는 것은 0.5밀리미터이고 두꺼운 것은 1밀리미터 이상으로 수 밀리미터 폭의 잘록한 칼집처럼 생긴 수초같은 것으로 싸여있다. 잘록한 부분을 교륜이라고 한다.

수초 부분은 신경세포 그 자체가 아니라 교세포의 희돌기교세포로 절연체이고 지방으로 이루어져 있다. 고등한 동물일수록 수초가 있는 축색을 갖고 있으며 무척추동물은 수초가 없다.

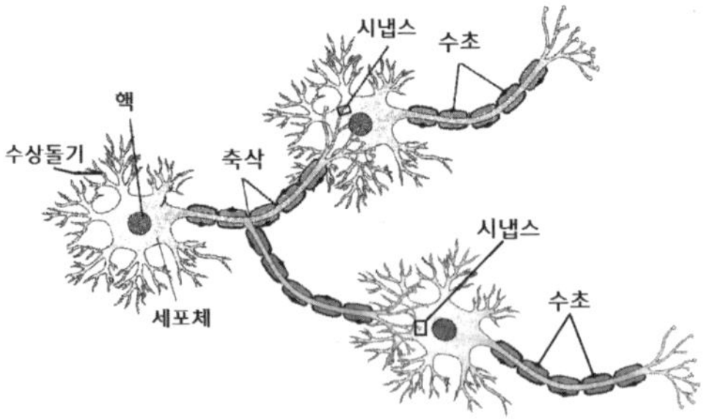

뉴런의 네트워크 (신경회로망)

뇌를 자르면 표면은 회백질이고 그 안쪽은 백질로 되어 있다. 회백질 부분에는 세포가 촘촘히 들어 있고, 백질 부분에는 신경세포에서 뻗어나온 수초를 가진 축색이 있어, 그 내측에 있는 세포군과 이어져 있다. 축색은 신경세포에 하나밖에 없다.

축색은 하나의 신경세포에 하나의 가지뿐이지만, 다른 종류의 손은 여러 개의 가지를 갖고 있다. 각각 가지를 많이 갖고 있기 때문에 수상돌기(가지돌기)라고 한다. 두꺼운 것은 5미크론 정도로 가지의 반경이 수 밀리미터인 것도 있다.

이들 두 종류의 손을 뻗고 있는 본체 부분은 세포체라 하고 그 중심에 핵이 있다. 그리고 축색은 다른 신경세포에 정보를 전달하는 역할을 하며 동시에 세포체, 수상돌기는 다른 신경세포로부터 정보를 수집한다. 예전엔 축색돌기만 신경전달물질을 방출하는 것으로 알려져 있었으나 최근 연구결과에서는 가지돌기도 활동 전위 이상의 자극이 주어졌을 때 신경전달물질을 방출할 수 있다는 사실이 밝혀졌다. 이처럼 신경세포는 두 종류의 손을 사용하여 뇌의 정보 네트워크를 구축하고 있다.

뇌는 신경세포 사이의 접합부, 시냅스를 말한다

시냅스는 세포 간 신호전달장소이다

시냅스(synaptein)는 그리스어 'syn(함께)와 haptein(결합하다)'의 합성어로 신경접합부(연접)라고도 한다. 뇌에는 수많은 뇌세포들이 존재하는데, 이 중 약 10%는 신경세포가 차지하고 있으며 시냅스라는 특수한 구조를 통해 신경전달을 이루어낸다.

인간의 신경계는 크게 중추신경계와 말초신경계로 구분한다. 그리고 뇌는 중추신경계에 속해 있으며 수많은 신경세포들로 구성되어 있다. 이 신경세포들은 서로 복잡하게 연결되어 있는데, 이런 연결을 통칭해서 신경회로망이라고 부른다. 신경회로망은 굉장히 많아서 아직 모두 밝혀지지 않았다. 사람의 뇌를 자세히 들여다보면, 여러 부위로 나뉘지만 유기적으로 연결된 하나의 기관이라는 것을 알 수 있다.

한 개의 신경세포는 많은 시냅스를 가지며, 축색과 수상돌기에 의해 다른 신경세포와 연결되어 신경회로망을 만드는데, 이 네트워크는 세포 각각이 손을 잡고 달라붙어 있는 것으로 생각될 수 있다. 하지만 각각의 신경세포는 떨어져 있으며, 그럼에도 불구하고 서로 정보를 주고받는다. 이점이 바로 뇌의 불가사의한 점이라 할 수 있다.

시냅스는 세포 간의 신호전달장소이다. 하나의 신경세포인 축색(연접 전 신경세포), 수상돌기(연접 후 신경세포)와 다른 신경세포의 접속부를 시냅스라고 하는데, 이 두 세포의 막을 연결시켜 신호전달을 수행하는 분자적 집합체가 작용하는 곳으로 이곳은 약간 떨어져 있다. 이 떨어져 있는 부분을 시냅스 간극이라고 하며 간극은 20~30나노미터로, 1나노미터가 100만 분의 1밀리미터이므로 20~30나노미터는 눈에 보이지 않는 아주 좁은 틈이다.

한 개의 신경세포가 갖는 시냅스는 작은 신경세포는 100개, 큰 것은 10만 개나 되는 시냅스를 갖는다. 평균적으로 만 개라고 할 수 있다. 그만큼 다른 신경세포와 서로 이어져 있다고 볼 수 있다.

시냅스는 임신 2개월에서 3세까지 거의 완성된다

뇌는 신경세포의 네트워크를 점차 구축해 가는데, 이것은 다시 말해 시냅스를 만들어가는 것이다. 시냅스를 만들지 못하면 네트워크를 구축할 수 없어 제대로 뇌 기능을 할 수 없다. 시냅스는 임신 2개월부터 생성되기 시작한다. 이 무렵 신경세포에서 축색이 자라기 시작하고 다른 신경세포와의 사이에 시냅스를 부지런히 만들어서 3세 정도까지 네트워크를 거의 완성시킨다.

좀 더 자세히 살펴보면, 축색의 선단에 시냅스 소포라는 작은 보따리 같은 것이 있다. 또 시냅스 간극을 사이에 두고 상대 신경세포의 시냅스에는 수용체(receptor)라는 받침 접시가 있다. 그리고 시냅스 소포에는 신경전달물질이 들어 있어 이것이 방출되면서 수용체에 담기는 구조가 된다. 이처럼 정보는 신경세포 사이를 옮겨간다. 시냅스 소포는 신경전달물질을 방출한 후 다시 사용된다. 바로 방출될 수 있는 유형은 재이용 유형이며, 그외는 예비 유형이다.

시냅스의 기능 이상은 정신장애를 일으킨다

사람이 태어나서 죽을 때까지 뇌 질환에 걸릴 확률을 전문 용어로 정신질환 유병률이라고 한다. 우리나라는 놀랍게도 태어나서 죽을 때까지 정신질환을 앓을 확률은 28%이다(2011년 통계). 이 수치는 4분의 1 정도가 태어나서 한 번은 정신질환을 앓을 가능성이 있음을 뜻한다.

우리는 왜 시냅스 단백질들을 연구해야 할까? 크게 두 가지 이유가 있다. 첫째, 시냅스 단백질의 기능을 명확히 이해해야만 시냅스의 기능을 이해할 수 있기 때문이다. 둘째, 시냅스의 기능을 아는 데에서 나아가 시냅스의 기능이 가진 의미가 무엇인지를 알아야 하기 때문이다.

뇌의 시냅스 단백질의 기능에 문제가 생길 경우 각종 뇌 질환이 발생한다. 뇌 질환은 뇌의 손상과 기능 이상에 의해 발생하는 퇴행성 뇌 질환, 뇌 발달질환, 정신질환 등을 통칭한다. 시냅스 단백질에 생긴 문제를 고치려면 신약 개발이 이루어져야 하는데, 시냅스 단백질의 기능을 온전히 이해하지 못한 상태로는 신약을 개발할 수 없다.

시냅스 단백질의 기능에 문제가 생긴다면 과연 어떤 문제들일까? 도대체 정신질환은 왜 생기는 것일까? 그리고 뇌 질환의 원인은 무엇일까? 이에, 원인은 매우 다양해서 유전적인 요인과 환경적인 요인이 있다.

최근의 신경생물학자들은 퇴행성 뇌 질환을 포함해 거의 대부분의 정신질환이 뇌의 시냅스 문제 때문에 생긴다는 이론을 정설로 받아들이고 있다. 즉 뇌 질환은 시냅스 질환이라는 것이다. 뇌 기능이 올바르게 작동되려면 신경회로 활성이 원활하게 일어나야 하고, 그러려면 시냅스가 제대로 기능해야 한다. 그런데 시냅스의 기능에 이상이 생기면 신경회로 활성에 문제가 생기고 뇌 질환이 발병한다. 여기서 '시냅스의 기능 이상'은 다시 말해 '시냅스 단백질의 기능 이상'이라 할 수 있다.(고재원, 2015)

시냅스(뇌)의 기능 이상은 곧 단백질의 고장이다. 분자생물학자들은 현대인의 질병 중 98%가 이 단백질의 기능 이상으로 생긴다고 여기고 있다. 단백질의 구조가 잘못되어 생기는 질환이 많이 있는데, 예를 들면 낭포성 섬유증, 치매, 선천성 신성요붕증, 파브리병(알파 갈락토시다아제A의 결핍), 알파1-앤트립신결핍증, 선천성 녹내장, 선천성 갑상선기능저하증, moody 당뇨병 등이다.(조진원, 2015)

시냅스에는 많은 단백질이 있다

전 시냅스와 후 시냅스를 구성하는 물질이 바로 단백질로, 1개의 신경세포에 1,000~1만 개의 단백질이 있다. 하나의 시냅스마다 작용하는 단백질은 굉장히 많아서 약 1,000~2,000개 정도가 존재한다.

전 시냅스에는 신경전달물질의 분비에 관여하는 다양한 단백질들이 존재하고, 후 시냅스에는 전 시냅스에서 분비된 다양한 신경전달물질에 결합하는 수용체 단백질들과 이를 통해서 신경세포의 다양한 신호 전달을 매개하는 신호 단백질 등이 존재한다. 또한 시냅스의 뼈대를 유지하고 전 시냅스와 후 시냅스를 이어주는 접착 단백질들이 존재한다. 하지만 아직까지도 다양한 시냅스 단백질들의 정확한 기능은 잘 알려져 있지 않다.

정신 활동의 가장 기본이 되는 단위는 두 신경세포 사이의 접합 부위인 시냅스에서 일어나는 신경전달이다. 하나의 신경세포에서 다른 신경세포로 신경전달물질은 전달된다.

과연, 어떻게 전달될까? 한 신경세포에서 발생한 신호가 축색을 따라 신경말단(시냅스 전 신경세포막에 해당)에 도달하면, 이곳에서 신경전달물질(neurotransmitter)이 세포 밖으로 분비된다. 분비된 신경전달물질은 수상돌기에 위치한 시냅스 후 신경세포막을 자극한다. 이를 통해 신경전달이 일어나는 것이다.

시냅스에서 일어나는 신경전달이 계속 연결되려면 회로가 만들어져야 하는데 이 회로를 신경회로라고 한다. 여러 신경회로가 모이면 정신작용이 된다. 그러나 이런 신경회로에서 뇌 기능으로 넘어가는 과정에는 눈에 띄는 도약이 존재한다. 이것은 인류가 아직 풀지 못한 숙제이다. 우리가 다른 사람을 보면 그 사람의 얼굴이 머릿속에 남는 기억현상, 이런 것조차도 아직 우리는 그 원리를 모르고 있다.(김은준, 2013)

뇌는 신경세포의 정보 전달을 말한다

정보는 전기 신호와 화학물질에 의해 신경세포 사이를 통한다. 그 덕분에 뇌가 활동할 수 있다.

정보를 받은 신경세포에 의에 의해 전기 신호가 발생한다

신경세포는 축색을 이용해서 시냅스에서 다른 신경세포와 정보를 교환한다. 이 정보 전달 구조에 대해 좀 더 자세히 살펴보자.

우선 신경세포의 세포체와 수상돌기에 다른 신경세포로부터의 정보가 들어온다. 정보를 받은 신경세포에서는 전기 신호가 생긴다. 이것을 활동전위(impulse)라 하며, 정보의 내용에 따라 전위 에너지의 크기는 다르다.

이 전기 신호는 축색을 따라 진행하여 축색 맨 끝에 있는 여러 개의 돌기 부분(축색종말, axon terminal)까지 가서, 여기에 있는 시냅스를 사이에 두고 다른 신경세포에 정보를 전달한다. 그것을 받은 신경세포는 또 다른 신경세포에 같은 방법으로 정보를 전달한다.(히데오미, 2003)

정보 전달하는 전기 신호의 속도는 다양하다

전기 신호가 느린 것은 1초 동안 50센티미터이지만 빠른 것은 120미터나 나아간다. 축색이 두꺼울수록 그곳을 통하는 전기 신호의 속도는 빨라진다. 축색 중에는 칼집 같은 수초가 싸여 있는 것도 있는데 수초가 있는 축색은 없는 축색보다 전기 신호의 전달 속도가 빠르고, 축색이 두꺼울수록 빠르게 진행하도록 되어 있다. 그 이유는 수초가 전기 신호의 누전을 막기 때문이다. 결국 누전되지 않는 쪽이 전달 속도가 빨라진다.

시냅스 소포에서는 신경전달물질을 방출, 정보를 전달한다

시냅스 하나에서 1~10까지의 시냅스 소포가 방출되는데, 각각의 시냅스 소포에는 신경전달물질 분자가 약 1만 개나 들어있다. 신경세포의 네트워크에서 정보전달은 전기 신호만으로 이루어지는 것이 아니라 신경전달물질이라는 화학물질이 정보를 전달하는 역할을 하고 있다. 즉, 신경세포는 전기 신호와 화학물질, 두 가지 수단으로 정보를 전달하는 한다.

정보는 신경세포 안을 전기 신호로 진행하고, 축색 선단의 시냅스에서는 그 전기 신호를 받아 화학물질을 다른 신경세포에 보낸다. 그것을 받은 신경세포에서는 화학물질의 정보를 다시 전기 신호로 바꾸어 또 다른 신경세포에 정보를 전달한다. 이 과정이 뇌 속에서 끊임없이 이루어져 뇌를 회전시킬 수 있다.

뇌는 신경세포의 신경전달물질을 말한다

신경세포는 세로토닌과 도파민 등 여러 신경전달물질을 만든다. 그리고 각각의 물질이 고유한 작용을 갖고 있다. 신경전달물질은 주로 뇌간에서 초 단위로 분출하는데, 아세틸콜린, 도파민, 세로토닌, 노르에피네프린 등이 있으며 글루탐산과 가바는 대뇌신피질에서 천분의 1초 단위로 나온다.(박문호, 2008)

세 종류의 시냅스가 정보를 전달한다

정보를 교환하는 시냅스는 세 가지로 그 중 하나가 흥분성 시냅스인데, 전달하는 상대의 신경세포를 흥분시켜 앞쪽의 신경세포에 정보를 알리는 기능을 한다. 이에 반해 상대 신경세포의 흥분을 억제하는 억제성 시냅스도 있다. 그리고 세 번째는 흥분성 시냅스 위에 달라붙어 있는 시냅스로 흥분성 시냅스의 효율을 떨어뜨리는 조정형 시냅스이다.

신경세포의 네트워크는 이들 세 종류의 시냅스가 복잡하게 서로 얽혀 작용하고 있다. 시냅스는 이렇게 정보 전달이 이루어지는데, 그 매개체가 신경전달물질로 이 물질에 따라 정보의 내용이 달라진다.

하나의 신경세포가 하나의 신경전달물질을 만든다

신경세포는 혈액 중의 아미노산으로부터 신경전달물질을 합성하고,

하나의 신경세포는 하나의 신경전달물질만 만들도록 되어 있다. 우리 뇌의 신경전달물질이 모두 밝혀진 것은 아니지만 밝혀진 것만을 예로 들면, 아세틸콜린(acetyl-choline), 노르아드레날린(noradrenaline), 세로토닌(serotonin), 히스타민(histamine), 도파민(dopamine), 글루탐산(glutamic acid), 가바(GABA, 감마아미노낙산), 엔도르핀(endorphin), 엔케팔린(enkephalin) 등이 잘 알려져 있다.

아세틸콜린은 자율신경계의 시냅스에서 주로 작용한다. 알츠하이머병에서는 이 물질이 감소한다. 노르아드레날린은 놀람과 분노에 작용하며, 세로토닌은 각성과 수면, 섭취와 섭식, 성행동, 학습, 기억 능력 등에 관계한다. 그리고 도파민은 뇌를 각성시켜 창조성을 발휘하는 물질이다. 엔도르핀과 엔케팔린은 '뇌 속 마약 물질'이라고도 하여 통증을 완화시키는 모르핀 같은 작용을 하고 있다.

글루탐산은 뇌를 흥분시켜 활성화하는 역할로, 머리가 활동할 때는 대개 이 물질이 작용한다. 이 때문에 옛날에는 글루탐산소다가 머리를 좋게 한다는 속설이 있어 많이 섭취하기도 했는데, 원래부터 뇌에 많이 포함된 물질로 이것을 특별히 섭취한다고 해서 머리가 좋아지는 것은 아니다. 오히려 과잉 섭취하면 글루탐산을 사용하는 신경세포에 악영향을 줄 수 있어서 얼굴이 화끈거리고 손발이 저리며, 기분이 나빠지고 가슴이 조여 오는 중추장애 증상을 유발하기도 한다.

이처럼 여러 물질이 작용함으로써 뇌는 다양한 기능을 발휘한다. 수면제와 진통제, 항우울제 등은 이 같은 신경전달물질의 작용을 억제하는 기능을 하여 졸음을 유발하고 통증을 줄여준다.

뇌는 신경세포의 감소와 증가를 말한다

신경세포는 어른이 될수록 감소하는 것이 정설인데, 최근의 연구에서는 어른이 되어도 늘어날 가능성이 있다는 것이 밝혀졌다.(히데오미, 2003)

신경세포의 세포예정사

뇌가 활동하는 데 있어 가장 중요한 신경세포는 나이를 먹을수록 줄어든다는 것이 지금까지의 상식이었다. 신경세포는 태아기에 급증하여 9개월에 그 증가가 멈추고 그 후 약 절반으로 줄어든다. 신경세포는 다른 신경세포와 연결되어 여러 가지 기능을 하는데, 연결 상대가 되지 못한 신경세포는 사멸한다. 이것이 바로 세포예정사(pro-grammed cell death, 프로그램 사(死))이다. 인간은 이 세포예정사가 끝난 후 태어난다. 신경세포의 수는 그 후 더 이상 늘어나지 않고 나이가 들수록 줄어든다는 것이 정설이었다. 기억과 관계가 있는 해마(seahorse)의 신경세포는 40세 이후에는 10년에 5퍼센트씩 줄어든다고 한다.

해마의 신경세포는 나이가 들어도 늘어난다

해마는 뇌에서 기억과 학습을 담당한다. 그리고 해마는 대뇌피질 아래에 있는 대뇌변연계의 일부인데, 이곳의 신경세포가 70세를 넘은 사람에게서도 증식한다는 것이 밝혀졌다.

1960년대 신경생물학자 알트만은 쥐를 이용한 실험에서 운동과 기억훈련을 하면, 하지 않은 쥐보다 해마의 일부와 소뇌의 바깥부분에서 뉴런이 계속 만들어진다는 것을 밝힌 바 있다. 이것은 새롭게 재생하는 지적 기능을 보완하는 역할을 수행하며 환경에 따라 신경세포의 생성 정도가 달라질 수 있다는 것이다.

대뇌피질의 신경세포는 성인에서도 성장한다

대뇌피질이 증가한다는 연구 결과도 있다. 미국 연구 팀에 의하면 인간의 뇌 가운데 전두엽과 측두엽이 20세부터 50세 무렵까지 체적이 평균 20퍼센트나 증가했다고 한다. 가장 증가한 것은 전두엽과 측두엽의 백질 부분이다. 이 부분은 신경세포로부터 자란 축색과 수상돌기가 서로 얽혀 있는 곳으로 이곳의 양이 늘었다는 것은 단순히 신경세포의 수가 증가했음을 의미하는 것이 아니라, 나이를 먹어도 대뇌피질이 성장한다는 사실을 증명한 것이다.

1999년 10월 15일 미국의 '뉴욕타임스'는 프린스턴 대학 뇌 연구실장 엘리자베스 굴드 박사의 연구결과에서 "원숭이의 대뇌피질에서 매일 수천 개의 새로운 뇌세포가 생성되고 있다."고 발표한 바 있다.

인체의 세포는 60조~100조 개이다. 세포의 종류마다 수명이 다르다. 신생세포와 노화세포의 교체는 초당 500만이라고 하며 매일 1,500~5천억 개의 새로운 세포가 탄생한다(대한개원의협의회 2014, 제13차 춘계연수교육학술세미나). 뇌와 척수세포의 수명은 14개월이다. 따라서 신경세포는 어른이 되어 줄어들기만 하는 것이 아니라 늘어나기도 한다.

PART 3

뇌는
신경전달물질을 말한다

신경전달물질의 뇌는 말한다

뇌는 아세틸콜린(acetylcholine, Ach)을 말한다

뇌는 도파민(Dopamine, DA)을 말한다

뇌는 세로토닌(serotonin, 5-HT)을 말한다

뇌는 노르에피네프린(norepinephrine, NE)을 말한다

뇌는 가바(GABA)를 말한다

신경전달물질이 불균형한 뇌는 정신장애를 말한다

▪ 신경전달물질의 뇌는 말한다

뇌의 모든 의사소통(정보전달)은 뉴런(신경세포)에 의해 일어나는데, 뉴런과 뉴런이 정보를 주고받는 접합 부위가 시냅스이다. 시냅스에서는 신경전달물질(neurotransmitter)이라는 화학물질을 터트려서 정보를 주고받으며 우리의 마음과 정신상태를 결정한다.

신경세포라는 특수한 세포가 방출하는 물질을 신경전달물질이라고 하며 일부는 뉴런의 세포체에서 생성되고, 다른 신경전달물질은 축색돌기 종말에서 합성된다. 그 출처와 무관하게 모든 신경전달물질 분자는 축색돌기 종말에 있는 소낭에 저장되었다가 필요할 때 작용하도록 되어 있다.

신경세포는 축색돌기를 뻗어서 자극하고자 하는 상대방의 세포에 접근한다. 축색 말단과 시냅스 후 세포 사이에는 시냅스(synapse)라는 아주 미세한 틈이 있는데, 이 시냅스 부위의 길이는 20nm이다.

인간의 축색은 초속 100미터 속으로 전기 신호를 전달할 수 있다. 전기 신호가 축색 말단까지 도달하면, 축색 말단에서 신경전달물질이 방충되어서 시냅스를 매개로 상대방의 세포를 자극한다. 신경전달물질은 시냅스라는 아주 좁은 공간에서 작용하기 때문에 분비되고 나서 수용체에 결합하기까지 1,000분의 1초도 걸리지 않는다.

- 청반에서 유래하는 노르아드레날린 : 청반 뉴런의 작은 집단은 축색을 뻗어 척수, 소뇌, 시상 및 대뇌피질 등 뇌의 광범위한 지역에 연접하고 있다.
- 봉선핵에서 유래하는 세로토닌 : 뇌간의 중심부를 따라서 형성된 봉선핵의 뉴런집단들로 이루어지며 중추신경계의 모든 수준에 걸쳐서 매우 광범위하게 뻗어 있다.
- 중뇌의 흑질과 복측피개영역에서 유래하는 도파민 : 흑질과 복측피개영역 중뇌에 가깝게 위치한다. 이들은 각각 선조체(미상핵과 조가비핵)와 변연계 및 전뇌피질에 뻗어 있다.
- 기저전뇌부와 뇌간에서 유래하는 콜린 : 내측, 결벽핵, 마이네르트 기저핵은 해마를 포함한 대뇌피질로 광범위하게 뻗어 있다. 교뇌 중뇌피개 복합체는 시상과 전뇌의 일부에 뻗어 있다.(Bear.etc.2009)

신경전달물질의 종류와 기능

지금까지 밝혀진 신경전달물질만 해도 100종류가 넘지만, 정신 활동에 가장 큰 영향을 미치는 물질은, 아세틸콜린(acetylcholine), 노르아드레날린(noradrenaline), 도파민(dopamine), 세로토닌(serotonin), 가바

(GABA) 등이다. 각 신경전달물질을 방출하는 신경 앞에 해당 물질의 명칭을 붙여서 아세틸콜린 신경, 노르아드레날린 신경, 도파민 신경, 세로토닌 신경, 가바 신경 등으로 부르기도 한다.

신경전달물질이 시냅스를 넘나드는 동안 신경세포의 흥분 정도, 즉 뇌의 활동이 결정된다. 그래서 신경전달물질의 양은 엄격하게 관리되고 있다. 이처럼 뇌의 신경 네트워크를 통해 신경 말단에서 시냅스로 방출되는 전달물질의 종류와 양이 우리의 마음 상태를 결정한다.

도파민 신경은 대뇌변연계에 밀집되어 있는데, 신경 말단에서 도파민을 방출하여 공격성, 창조성 및 쾌감과 기쁨을 느끼게 한다.

세로토닌 신경은 시상하부, 대뇌변연계를 중심으로 뇌 전체에 뻗어 있으며 신경 말단에서 세로토닌을 방출한다. 세로토닌은 충동을 억제하는 역할을 하며, 이것이 부족하면 의욕과 성욕이 감퇴하고 기분이 가라앉는다.

아세틸콜린 신경은 해마를 중심으로 시상의 조금 아래쪽에서 운동영역까지 뻗어 있고, 신경 말단에서 아세틸콜린을 방출한다. 아세틸콜린은 각성, 학습, 수면에 깊이 관여한다.

노르아드레날린(노르에피네프린) 신경은 뇌 속에 깊이 분포되어 있으며 우울, 행복, 불행 등의 정서에 많은 영향을 미친다.

그리고 마지막으로 가바 신경은 뇌 전체에 뻗어 있다. 가바 신경은 뇌를 진정시키는 역할을 하며 뇌의 비정상적인 흥분을 억제하는 브레이크 역할을 담당한다.

뇌는 아세틸콜린(acetylcholine, Ach)을 말한다

아세틸콜린(Ach)은 1921년에 Loew에 의해 처음 보고된 신경전달물질이다. 중추신경계의 구심성 뉴런의 축색(軸索)에 의해 분비된, 가장 먼저 확인된 신경전달물질이며, 이 신경전달물질을 분비하는 뉴런을 콜린성(cholinergic)이라고 부른다. 아세틸콜린은 자율신경계의 신경절과 부교감신경계의 목표기관에서도 발견된다. 모든 근육운동은 아세틸콜린이 방출됨으로써 이루어진다.

아세틸콜린은 뇌와 척수에 있는 모든 운동 뉴런(notor neuron)에 의해 사용되고 있는 신경전달물질로 이는 중추신경계라든지 말초신경에서 매우 중요한 역할을 한다. 콜린성 신경은 중추에서 대뇌피질 등에 넓게 분포하며 말초에서는 자율신경, 운동신경의 양쪽에 분포한다.

아세틸콜린은 많은 신체 체계와 기능의 통제에 관여하는 것 외에도 기억, 주의집중 그리고 학습에 중요한 역할을 하고 있다. 또한 꿈을 꾸는 수면단계를 통제하는 데도 관여한다.

아세틸콜린 뉴런의 축색과 종말단추는 뇌의 여러 부분에 폭넓게 분포되어 있다. 그 중에서도 신경과학자들에게 가장 관심을 받아온 세 부분은 등가 쪽 뇌교(dorsolateral pons), 기저전뇌(basal forebrain) 그리고 내중격(medial septum)이다.

- 뇌에서의 Ach 방출 효과는 일반적으로 쉽게 일어난다. 등가 쪽 뇌교에 분포되어 있는 Ach 뉴런은 / REM 수면(꿈꾸는 동안의 수면기)의 대부분의 특성을 이끌어 내는 데 관여하고 있다.

- 기저전뇌에 분포되어 있는 Ach 뉴런은 / 대뇌피질을 활성화시키고 학습, 특히 인지적 학습을 용이하게 하는 데 관여하고 있다.
- 내중격에 분포되어 있는 Ach뉴런은 / 해마의 전기적 리듬을 억제하고 특별한 기억의 형성에 관여하는 기능을 조절한다.(Carlson, 2007)

아세틸콜린이 너무 부족하면 알츠하이머(alzheimer) 성 치매에 걸리지만 너무 많으면 파킨슨 증후군을 유발한다. 이 외에 아세틸콜린은 기분장애 및 수면장애에도 관여한다.(대한신경정신의학회, 1997)

노화가 진행될수록 두뇌 기능이 저하되는 것은 당연하다. 그러나 상태가 더욱 심해지면 사고력과 기억력, 심지어 판단력까지 흐려지는데, 이런 증상을 '인지증 치매'라고 한다. 고령화 사회가 되면서 인지증 환자도 대폭 증가하고 있다. 인지증은 크게 뇌혈관성 인지증과 알츠하이머병으로 분류할 수 있다.

뇌혈관성 인지증은 혈류가 나빠지는 것이 원인이므로 비교적 쉽게 알아챌 수 있고 치료제도 있다. 하지만 문제는 인지증의 절반을 차지하는 알츠하이머 성 치매로 아직까지 확실한 원인과 치료법이 나와 있지 않다.

인간은 오래 살수록 알츠하이머병에 걸릴 위험이 높다. 미국 알츠하이머병 협회는 자국 내 알츠하이머 환자 수가 1975년 50만 명에서 2005년 450만 명, 2007년 510만 명으로 계속 증가하고 있으며, 2050년에는 1,100~1,600만 명에 이를 것이라 내다본다. 우리나라도 2050년에 270만 명이 될 것으로 추산된다.

알츠하이머병 환자는 물건을 잘 잃어버리거나 거리를 배회하는 것이 두드러진 증상이지만, 그 밖에도 증상은 다양하다. 자동차로 고속도로를 질주하거나 보살펴주는 가족에게 폭력을 휘두르는 등, 각종 인명피해와 사건 사고를 일으키기도 한다.

알츠하이머병의 증상은 1~3기로 설명할 수 있다. 1기에는 물건을 자주 잃어버리고, 날짜, 장소, 사람 이름 등을 곧잘 잊어버린다. 2기에는 자신이 어디에 있는지조차 인지하지 못하며 다른 사람과의 대화가 잘 이루어지지 않는다. 3기에 들어서면 자리에서 일어나지 못하고 앓아눕는다. 1기에서 3기까지는 대략 10년 정도 소요된다.

뇌는 도파민(Dopamine, DA)을 말한다

도파민은 카테콜아민에 속하는 신경전달물질로서 엘-티로신(L-Tyrosine)에서 생성된다. 티로신은 음식물로 섭취하는 필수 아미노산이다. 도파민은 다른 카테콜아민과 마찬가지로 미토콘드리아 외막에 존재하고, 시냅스 전후의 신경세포(뉴런)와 교세포 모두에 존재하는 단가아민산화효소(monoamine oxidase) 중 MaO_3와 세포외막에 존재하는데, 시냅스 후 부위에만 작용하는 COMT(catechol-o-methyl transferase)에 의해 분해된다. 중추 도파민의 가장 중요한 대사산물은 HVA(homovanillic acid)와 DOPAC(dihydroxyphenylacetix acid)이다. 도파민계에서는 중성 대사물보다 산성 대사물이 더 많고, 뇌와 뇌척수액의 HVA의 축적은 뇌의 도파민성 뉴런의 기능적 활동을 나타내준다.

도파민성 뉴런(dopaminergic neurons)들은 중뇌(midbrain), 즉 흑질(substantial nigra)과 복측피개세포(ventral tegmentum)가 분포되어 있는 중뇌변연계(mesolimbic)와 중뇌피경로(mesocortical)에서 비롯된다.

운동장애인 파킨슨병을 앓는 환자들의 뇌에 도파민을 보충하면 파킨슨병의 증상들이 호전된다. 도파민의 분비를 자극하는 약물(예 : 암페타민)은 매우 중독성이 강한데, 이는 도파민이 중독에 관여하는 신경계에 중요한 역할을 한다는 것을 암시한다.

도파민은 뇌의 여러 영역에서 신경세포로 전달되는 것을 방해하고 보상찾기 행동에 중요한 기능을 한다. 조현병, 주요 우울장애 그리고 주의력결핍과잉행동장애(ADHD) 등에 중요한 역할을 한다. 도파민은 에피네프린과 노르에피네프린의 화학적 전구물질이다. 뇌간의 세포집단이 효율적인 동작기능을 하는 데 필요한 양의 도파민을 생성하지 못할 때, 파킨슨병의 떨림을 비롯한 여러 가지 영향이 나타난다.

도파민 부족은 파킨슨병을 일으킨다

파킨슨병의 원인은 흑색질의 변성으로 브레이크 역할을 하는 도파민이 부족해지고, 액셀 역할을 하는 아세틸콜린이 많아져 운동신경이 지나치게 흥분해서 생긴다. 이상 흥분을 억제하여 적절한 상태로 되돌리려면 부족한 도파민을 보충하거나 과도한 아세틸콜린의 작용을 억제해야 한다. 부족한 도파민의 보충이라면 도파민을 직접 섭취하거나 주사하는 방법을 떠올리겠지만, 생각처럼 간단한 일이 아니다. 어떤 물질이 뇌에서 작용하기 위해서는 우선 뇌로 진입하는 것이 필수조건이다.

도파민 과잉은 조현병을 일으킨다

대뇌변연계에 도파민이 지나치게 많으면 조현병이 생길 수 있다. 흔히 '정신질환'이라고 하면 조현병을 가리킬 만큼 널리 알려진 신경질환으로 얼마 전까지 조현병, 또는 통합실조증으로 불렸다. 대표적인 증상은 환청, 환각, 망상 등이다. 전환 환청은 아무도 없는데 소리가 들리는 증상으로, 예를 들어 자신을 비난하거나 헐뜯는 목소리가 어디선가 들려온다고 느끼는 것이다.

조현병은 감정을 담당하는 대뇌변연계의 도파민 과잉으로, 도파민 신경이 지나치게 흥분하여 발병하기 때문에 신경의 이상 흥분을 억제하면 치료할 수 있다. 즉, 신경세포에서 방출된 도파민이 수용체와 결합하는 것을 막으면 된다. 그 역할을 하는 대표적인 물질이 클로르프로마진(chlorpromazine)과 할로페리돌(haloperidol)이다. 이 두 가지 물질은 도파민과 유사한 부분이 있어서 도파민을 대신하여 수용체와 결합한다. 그 결과 수용체와 결합하는 도파민의 수가 줄어들어 비정상적인 흥분을 막고 조현병 증상을 완화시킨다.

▼ 식이요법

· 피로와 진통 완화에 좋은 페닐알라닌

(닭고기, 오리고기, 돼지고기, 계란, 생선, 두부, 치즈, 대두, 조개류, 호두)

· 도파민을 생산하는 티로신

(닭, 돼지고기, 계란, 생선, 두부, 죽순, 녹차)

– 성인 1일 최저 1000mg

세로토닌(화학명 : 5-hydroxy tryptamine, 5-HT)은 유일한 인돌아민(indolamine) 신경전달물질이고 중추신경계와 장관의 장근신경총(myenteric plexus)에 있는 신경전달물질이다. 이것은 소화관 등에 있는 장크롬친화성 세포(euterochromaffin cell)와 혈액의 혈소판에서 고농도로 발견된다. 그리고 세로토닌의 1~2%만이 뇌에서 발견되고 있다. 이 신경전달물질의 주요 생성지 중 하나는 봉선핵(raphe nucleus)이라는 뇌간의 한 구조이다.

봉선핵의 세로토닌성 뉴런은 세로토닌성, 억제성 시냅스 후 전위를 일으키며, 행동상의 효과도 보통 억제성을 띤다. 그래서 세로토닌은 기분조정(진정, 시각신호 또는 이완작용과 섭식, 공격 행동, 통각 조절, 운동 기능을 조절) 기능을 한다. 한편 중추 세로토닌(5-HT)계는 노르아드레날린과 함께 수면 - 각성주기의 형성, 불안 등의 정신 기능에 관여한다고 보고 있다.

세로토닌 수준이 낮으면 일반적으로 우울증과 관련이 있다. 아주 낮은 경우엔 충동억제력이 감소하고 당황에 대한 지나친 반응, 불안정성, 충동적 성행동 혹은 과식, 공격적인 행동, 심지어 살인과 같은 행동변화와도 관련이 있는 것으로 알려져 있다.

세로토닌의 생리작용 중 중요한 것은 정서와 행동, 동통 및 수면작용이라고 할 수 있다. 세로토닌의 저하는 우울증, 상승은 조증과 관련이 있다. 그러나 세로토닌과 관련된 많은 연구결과나 약물 효과는, 세로토닌의 증가와 감소라는 단순한 관계보다 세로토닌이 다른 신경전달물질, 예를 들면 노르에피네프린의 농도에 변화를 가져와 우울증이나 조증을 유발한다는 데 집중되고 있다. 이외에도 세로토닌의 저하가 공격성이나 충동성 및 자살과 관련이 있으며, 정신분열증이나 불안장애와의 관련성에 대해서도 많은 연구가 진행되고 있다.

세로토닌 부족은 우울증을 부른다

봉선핵에서 출발하는 세로토닌 신경은 노르아드레날린 신경과 마찬가지로 뇌 전체에 분포하고 있다. 특히 감정을 조절하는 편도체, 식욕, 성욕, 수면에 관여하는 시상하부, 그리고 인지 · 판단 능력과 같은 고도의 뇌 기능을 담당하는 대뇌피질에 집중되어 있다. 따라서 세로토닌이 부족하면 이 부위들이 충분히 활동하지 못하므로 기분이 축 처진다.

세로토닌 부족은 강박장애를 일으킨다

강박장애(obsessive compulsive disorder)란 본인 스스로 이상하다는 것을 알지만 똑같은 행위를 반복하지 않으면 견딜 수 없는 마음의 병이다. 손이 불결하다고 생각해 하루에 수십 번씩 손을 씻기도 하고, 의식을 치르듯 일정한 절차를 거쳐야 마음 놓고 다음 행동을 취하기도 한다.

세로토닌 신경은 뇌 전체에 뻗어 있기 때문에 세로토닌이 부족한 부위에 따라 다양한 질환이 발생한다. 그 중 대뇌기저핵의 선조체나 전대상회에 세로토닌이 부족하면 강박장애 증상이 나타나게 된다.

뇌는 노르에피네프린(norepinephrine, NE)을 말한다

노르에피네프린(norepinephrine, NE)은 아세틸콜린(Ach)과 마찬가지로 뇌뿐만 아니라 자율신경계의 뉴런에서 발견된다. 우리가 흔히 쓰는 단어 중 노르에피네프린, 노르아드레날린, 에피네프린(epinephrine, E)은 각기 같은 말이다. 아드레날린성 뉴런(NE 또는 E)들은 청반(locus coeruleus)에서 비롯되지만 뇌 전체에 분포되어 있다.

노르에피네프린도 도파민처럼 티로신에서 생성되고 뇌와 교감신경계 및 부신수질에서 도파민이 도파민 베타 가수분해 효소(Dopamine-β-hydroxylase)에 의해 노르에피네프린으로 전환되며, 노르에피네프린은 페닐에탄올아민-N-메틸전이효소(phenylethanolamine-N-methyltransferase)에 의해 에피네프린으로 전환된다.

대사도 도파민과 같은 효소에 의해 분해되며(주로 MAOA), 뇌의 노르에피네프린의 경우 알데이드 대사산물의 환원이 더 잘 일어나고 말초 노르에피네프린의 경우는 산화반응이 더 잘 일어난다. 노르에피네프린은 VMA(vanillyl mandelic acid)이며, 중추 노르에피네프린은 3-MHPG(3-methoxy-4-hydroxyphenylethylene qlycol)로 최종 대사가 된다. 따라서 MHHPG는 중추 노르에피네프린 교체의 중요한 지표가 된다.

노르에피네프린은 동공을 확대하고 맥박을 빨리하며 소화를 억제하는 기능을 한다. 또한 부신샘을 자극하여 에피네프린을 분비하게 하고, 간을 자극하여 많은 양의 글루코스를 분비함으로써 근육이 더 많은 에너지를 활용할 수 있게 한다.

뇌에서 노르에피네프린성 뉴런(norepinephrinergic neuron)은 주로 경계 수준과 각성상태를 조절하는 데 관여한다. 교(pons) 부근에 있는 작은 뉴런집단은 대뇌와 소뇌의 광범위한 영역으로 축색을 보낸다. 중추신경계에서 노르에피네프린성 시냅스는 억제성 시냅스 후 전위를 일으킨다.

반면에 신경계 밖에서 즉, 분비선 혈관벽의 근육에서는 보통 흥분성으로 작용한다. 대부분의 전달물질은 세포체에서 합성되고 시냅스 소낭에 저장되어 축색을 따라 종말단추로 수송한다. 그러나 노르에피네프린의 경우에는 최종 합성단계가 시냅스 소낭 내에서 일어난다. 즉, 도파민이 소낭에 저장되어 그곳에서 노르에피네프린으로 전환되는 것이다.

기분장애의 생체 아민가설은 TCA나 MAOI가 우울 증상의 호전에 효과가 있다는 사실에서부터 시작된다. 우울증의 호전은 노르에피네프린과 세로토닌 모두에 작용하는 약물에 반응하는데, 우울증 형성에 있어 두 물질의 상대적 역할은 아직 불분명하다. 그러나 동물실험에서는 이 둘 사이 긴밀한 상관이 있을 것으로 보이고 있다.

한편, 급성 천식 증상을 치료하는 데 사용되는 약물들은 아드레날린성 뉴런들에게 영향을 주어 아드레날린 수용기들을 자극하는데, 이 결과 기관지 근육이 이완되고(기도가 확장됨), 기관지의 평활근이 수축된다(염증의 감소).

뇌는 가바(GABA)를 말한다

가바(γ-aminobutyric acid, GABA)는 억제성 신경전달물질이다.

가바는 L-글루탐산의 α-탈탄산화 과정(decarboxylation)에 의해 생성된다. 가바는 중추신경계 내에서 억제성 신경전달물질로서 작용하는 중요한 신경전달물질이고, 이들은 흔히 신경 펩티드 등과 함께 공존한다.

가바는 뇌와 척수 전반에 걸쳐 광범위하게 분포되며, 가바 신경은 뇌를 진정시켜 뇌의 비정상적인 흥분을 억제하는 브레이크 역할을 담당한다. 이것은 공포와 다른 정서의 조절에 관여하고 불안장애에 중요한 역할을 한다. 또한 글라이신성 뉴런은 운동 뉴런의 활동을 억제한다.

뇌 안에 많이 분포되어 있는 가바 - 분비 뉴런들은 억제적 영향을 줌으로써 발작(seizure)을 막을 수 있다. 또 어떤 연구가들은 가바 - 분비 뉴런의 생화학적 비정상이 간질(epilepsy)의 원인 중 하나라고 생각한다.

가바는 불안장애와 가장 관련성이 깊으며, 이 외에도 가바는 헌팅톤(Huntington)병, 파킨슨병 및 조현병과 지연성 운동장애(tardivedyskinesia) 및 치매 등의 정신병리에도 관여하고 있다.

신경전달물질이 불균형한 뇌는 정신장애를 말한다

뇌 속 신경전달물질의 균형이 흐트러지면 마음에 이상이 발생한다. 물론 그 종류는 다양하기 때문에 어떤 전달물질의 균형이 깨졌느냐에 따라 나타나는 증상도 다르다.

예를 들어, 신경말단에서 도파민이 과도하게 방출되면 환상, 환각, 과대망상을 일으킨다. 모두 조현병의 대표적인 증상이다. 반대로 도파민이 부족해지면 뇌 기능을 원활히 조절하지 못해서 손발이 떨리고 다리를 질질 끌며 구부정한 자세로 걷는 파킨슨병 증상이 나타난다. 신경말단에서 방출되는 신경전달물질의 양이 너무 많거나 적을 때 마음에 병이 생기는 것은 분명하지만, 그렇다고 조현병이나 파킨슨병만 일으키는 것은 아니다.

노르아드레날린, 도파민, 세로토닌과 같은 모노아민의 양이 너무 많아도 뇌의 흥분이 심해지는 탓에 이상 증세가 나타난다. 기분과 의욕이 고양되면서 타인에게 공격성을 보이는 조증, 또는 잠시도 마음을 가라앉히지 못하고 초조해하는 불안 증상을 보인다.

한편, 모노아민의 양이 너무 적어도 마음에 병이 생길 수 있다. 모노아민이 부족하면 뇌의 흥분 정도가 부족해서 슬픔과 실망감이 깊어지고, 즐거움을 거의 못 느끼는, 이른바 우울증에 빠지고 만다.

아세틸콜린의 양이 급격히 증가해도 대뇌기저핵이 과도하게 흥분하여 파킨슨병과 유사한 증상이 나타난다. 반면 아세틸콜린의 양이 부족하면 기억력이 감퇴하여 자신의 존재조차 인지하지 못하는 알츠하이머병에 걸린다.

이처럼 뇌 속 신경전달물질이 미세한 균형을 이루어야만 우리는 평상시의 상태로 일상을 보낼 수 있다. 하지만 신경전달물질의 균형을 유지하기란 말처럼 쉬운 일은 아니다.

〈 신경전달물질의 불균형으로 발생하는 정신장애 〉

신경전달물질	신경말단에서 방출되는 양이 너무 많을 때	신경말단에서 방출되는 양이 너무 부족할 때
도파민	조현병	파킨슨병 ADHD, 우울증
노르아드레날린 도파민 세로토닌	불안, 조증	우울증
아세틸콜린	파킨슨병	알츠하이머병, 학습장애 기억력장애
가바		불안장애, 충동적, 폭력적 공포(공황)장애, 헌틴톤병

(아이쿠타 사토시, 2012)

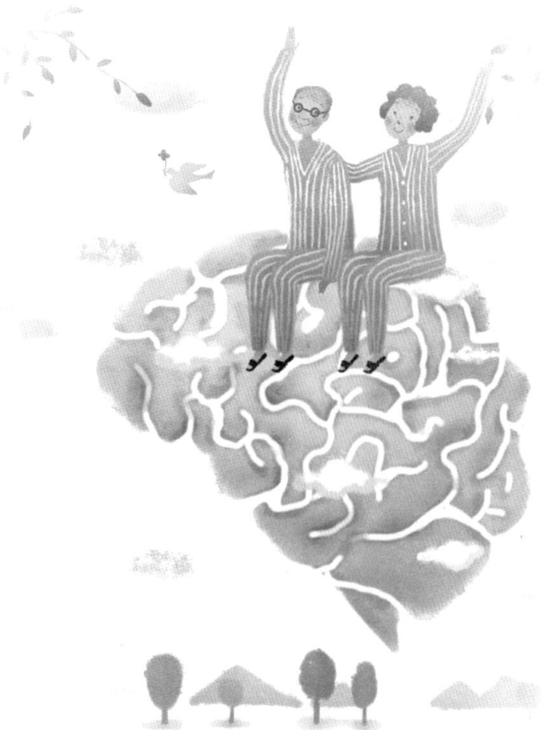

PART 4

뇌는 발달시기를 말한다

뇌는 태아기의 발달을 말한다

뇌는 영아기의 발달을 말한다

뇌는 유아기의 발달을 말한다

뇌는 아동기의 발달을 말한다

뇌는 청소년기의 발달을 말한다

뇌는 성인기의 발달을 말한다

뇌는 노년기의 발달을 말한다

뇌는 태아기의 발달을 말한다

임신 진행 시기별 태아의 뇌 발달

태아는 임신 2~8주 사이에 얼굴 생김새가 갖춰지면서 뇌가 형성된다. 임신 초기 3개월은 태반 안에서 뉴런이 형성·분리되면서 장소를 이동해 또 다른 뉴런들과 결합한다. 이 모든 방식은 다른 성질에 따라 변화될 수 있기 때문에, 이때 술이나 약물을 복용하면 태아에 기형을 유발한다. 또한 임신 초기 3개월 동안 술을 마시면 태아가 전체적으로 작아지는데, 임신 시기 어느 때라도 알코올을 섭취하게 되면 대뇌피질 내 뇌간의 세포를 손상시킨다.

대략 임신 3주에 신경판(Neural plate)이 태아의 외배엽으로부터 형성된다. 신경판은 태아의 배축 표면에 있는 세포로서 이후 신경계로 발달되고 그 발달이 진행됨에 따라 신경판은 홈을 형성하기 시작하며 임신 24일 경에 이르면 홈이 융합돼 신경관(Neural tube)이 형성된다. 신경관의 서로 다른 부위들이 신경계의 여러 부위들로 발달되며 신경관의 내적 표면은 뇌실과 척수의 중심관이 된다.

임신 40일 정도에는 신경관의 전측 부위에 3개의 눈에 띄는 융기가 나타나기 시작하며, 이후 이 융기들이 중추신경계의 전뇌, 중뇌 및 후뇌로 발달된다. 임신 이후 6~7주(40~50일)가 되면 태아의 마음이 결정되고, 뇌는 남성 혹은 여성의 형태를 띠기 시작한다. 어두운 자궁 속에서 결정적 시기에 일어나는 일들이 뇌의 구조 및 조직을 형성하면서 차례로 마음의 본성을 규정짓는데, 태아의 유전자 형성과 상관없이 남성 호르몬이 존재하는 경우에는 남자가 되고, 남성 호르몬이 존재하지 않을 경우에는 여자가 된다. 남성 호르몬은 아이의 성별을 결정하는 데 중요한 요인이다.

임신 6주가 되었을 때 태아의 성별은 최종적으로 결정된다. 남자 태아는 안드로겐이라는 남성 호르몬, 특히 테스토스테론을 만드는 특수한 세포들이 발달한다. 남성의 뇌, 여성의 뇌는 유전자에 의해 결정되는 것이 아니라 태아를 둘러싸고 있는 호르몬에 의해 결정된다. 임신 6주는 엄마가 먹고 마시는 음식과 약물이 탯줄을 타고 아기에게 그대로 전달되므로 가장 중요한 시기이다.

임신 8주 무렵이면 두뇌가 세 부분으로 발전한다. 이때는 왕성한 세포 과잉 생산의 시기이다. 25만 개의 신경모세포들이 활동하며 초창기 신경세포가 매 분 만들어진다. 이 시기부터 뉴런들은 특정 기능을 담당하기 위해 분화한다.

우선 특정 장소를 향해 움직이기 시작하고, 이웃 뉴런 쪽을 향해 적극적으로 확장한다. 신경관 내부에서 계속 분열하는 세포는 엄청난 숫자의 뉴런들을 만들어낸다. 그리고 이런 뉴런들은 두뇌 각 위치로 이동하며 피질에 도착할 때까지 계속 뻗어간다.

뉴런의 이동 자체가 뉴런의 정체성을 결정하고 두뇌 구조가 조직되는 데 영향을 끼친다. 가령 시각 뉴런은, 시각 뉴런으로 태어난 것이 아니라 시각 정보가 도달하는 두뇌 부위로 이동했기 때문에 시각 뉴런이 된 것이다.

태아가 50일이 되면 피질, 중뇌, 소뇌, 연수, 시상하부 등이 형성되고, 60일이 되면 신경계는 구부러진 빈 관으로부터 접힌 구조물로 발달하며 개별 영역들로 분화되기 시작한다. 또 60일 무렵까지 전뇌가 피질판으로부터 급격하게 성장하여, 신경세포가 이동하고 나면 축색과 수상돌기가 성장하기 시작한다.

임신 70~100일에 이르면, 뇌량이 형성되기 시작하고 신경세포의 이동과 시냅스 형성이 시작되며, 100일쯤이면 피질의 주요 영역들이 형성된다. 시신경, 제4뇌실, 피질, 소뇌 등이 발달된다. 이때부터 출생까지 뇌는 계속 팽창하고 주름진 패턴을 발달시킨다.

태아기 때의 환경, 뇌 발달에 많은 영향이 준다

태아기의 뇌 발달에 환경은 매우 중요하게 작용한다. 특히 임신 중 약물이나 독성 물질 등은 태아에 악영향을 미친다. 가장 흔히 남용되는 것은 담배로, 니코틴은 혈관을 수축시켜 자궁과 태반에서 혈액의 흐름을 방해하고 태아의 심장 박동과 호흡 운동을 줄이며 일산화탄소에 노출시킨다.

따라서 흡연은 아기가 조산과 저체중으로 태어날 위험성을 크게 높인다. 비흡연 임산부에 비해 유산율이 1.7배 높으며 조산의 위험성은 2~3배나 높다. 임신기에 흡연한 어머니가 낳은 자녀는 지적장애가 될 확률이 50%나 더 높으며 주의력 결핍장애는 3배나 높다.

또한 영아돌연사 증후군도 높다. 약물은 뉴런의 자연스런 이동, 뉴런 간의 연결 등, 태아가 발달하는 시기에 이루어지는 적절한 가지치기를 방해한다.

임신한 상태에서 술을 마시는 것도 매우 치명적이다. 알코올은 세포 이동장애를 일으키는데, 술을 마시는 어머니에게서 태어난 아기의 두뇌는 매우 작고 기형적이며 뉴런의 밀도도 낮다.

태아 알코올 증후군(Fetal Alcohol Syndrome, FAS)이 있는 아기는 유년기에 지능지수가 낮게 나타난다. 그리고 고등학교와 성인기에 이르면 어려운 읽기와 수학을 이해하지 못해 학습장애를 일으키기도 하며, 부적응 행동, 과잉 행동, 우울증도 나타난다.

영양실조에 걸린 태아는 몸속에서 뉴런의 형성을 가로 막는다. 특히 비타민B, 엽산, 필수지방산 같은 특정 영양소의 부족은 두뇌 발달을 저해한다. 필수영양소가 부족하면 뉴런의 형성이 중단되고 인지발달도 떨어진다. 필수영양소는 태아에게 필수적이다.

반면, 태아가 절대로 섭취하면 안 되는 독성 물질로는 납, 살충제, 마취가스, 코카인, 항생제, 아스피린, 항우울제, 다량의 비타민A, 여드름 연고 등이 있다.

임신 6개월이면 태아는 대부분의 신경세포가 생성되고 7개월 정도부터는 본격적인 뇌 성장과 변화가 시작된다. 즉 신경세포들은 오랫동안 시냅스를 생성, 수상돌기가 가지치기를 통해 성인 뇌에서 요구되는 더 많은 시냅스와 수상돌기 가지를 형성하게 된다. 그러나 시냅스 생성과 수상돌기 가지치기 모두 출생 후 심지어 어떤 경우는 성인에 이를 때까지 계속되기도 한다.

임신 8개월이 되면 태아는 성인 두뇌보다 두 배 많은 뉴런이 존재한다. 이 시기에 세포와 뉴런 그리고 교세포가 구성되어 거의 완성을 이루고 그 이후부터 뉴런이 쇠약해진다. 특히 교세포는 이동하는 중에 뉴런에 영양분을 주고 안내하여 보살피는 기능을 하며, 다음과 같은 주인공인 신경세포(뉴런 neuron)와 그 보조자인 신경교세포(neuro glia)의 두 가지 유형이 나타난다.

첫 번째 유형은 신진대사와 뉴런의 기능을 조절하고 또 다른 유형은 미엘린이라는 지방질 물질로 축색돌기를 감싸 정보전달 속도를 조절해 준다. 이 시기에는 태아의 뇌 발달에 나쁜 영향을 미치는 환경을 각별히 조심해야 한다.

정자의 생존 기간은 약 3개월이다. 즉, 아버지가 될 사람은 최소한 수정되기 3개월 전부터 약물을 피해야 한다. 특히 알코올, 니코틴, 약물, 독성 물질, 풍진과 같은 병의 감염이나 엽산 같은 특정 영양소의 부족은 뉴런의 이동을 방해한다. 올바른 뉴런의 이동은 정상적인 두뇌 기능을 발달시키는 데 중요하다. 자폐증이나 난독증 그리고 간질이나 조현병은 부분적으로 뉴런의 이동 과정 문제에서 일어난다.

뇌는 영아기의 발달을 말한다

영아는 '말을 못하는' 의미를 지닌 라틴어 'infan'에서 유래된 말로 보통 0~2세 아동을 의미한다. 그래서 영아기는 0~2세로 보는 것이 일반적이지만, 뇌 발달상 오감의 감각 기능을 통해 뇌가 발달하기 때문에 0~3세의 범주로 설명한다.

태어날 때 뇌의 무게는 고작 350그램 정도에 불과하며 뇌세포의 16%정도만 뇌 연결 회로망인 시냅스가 형성된다. 시냅스는 태내에서 25% 형성되며 나머지 75%는 태어나서부터 10세까지 꾸준히 형성된다.

생후 3세가 되면 뇌의 무게는 1,000그램까지 증가한다. 이는 뇌세포의 수가 증가한 것이 아니라 뇌세포 연결회로망인 시냅스와 수초가 형성되면서 뇌의 무게가 폭발적으로 증가해 1.4킬로그램이 되는 것이다.

영아기, 유아기, 아동기를 거치면서 시냅스의 수는 꾸준히 증가한다. 이는 아기가 엄마의 목소리, 촉감, 다양한 소리 등의 자극을 경험하면서 뇌에 연결회로망이 점점 증가하는 것이다.

2세 무렵 영아의 시냅스 수는 성인에 이르고, 3세 무렵에는 1,000조 개에 이른다. 영아기의 시냅스 형성이 뇌 발달의 주를 이루기 때문에 이때 충분한 영양 공급과 풍요로운 환경은 필수적이다.

영아기, '뇌' 전 영역의 폭발적 발달

아기는 태어나서 3개월 간 3번에 걸쳐 뇌의 급성장기를 맞는다. 3~4주, 7~8주, 10~11주 그리고 생후 3개월에서 8개월 사이에 뇌가 3번 이상 급성장해 새로운 감각 운동에 반응한다.(Diamond & hopson, 1999)

생후 1개월 무렵에는 두정엽의 일부와 전두엽의 일부에서 감각동작 피질의 활동이 집중적으로 이루어지고, 생후 3개월이 되면 측두엽과 후두엽의 발달이 이루어져 8개월 무렵에는 전두엽의 활동이 증가한다.

갓 태어난 신생아는 뇌간과 변연계의 일부인 편도가 정상 발달되어 있다. 뇌간은 심박동, 혈압, 호흡 등을 완벽하게 조절해준다. 편도는 해마 끝에 있는데 '정서 센터'로서 감정을 조절하는 역할을 하여 희로애락과 같은 정서를 느끼게 한다.

영아기의 감각 자극, 뇌 발달의 시금석

아기들의 뇌는 촉각, 시각, 청각, 미각, 후각 등을 통해서 발달하는데, 특히 촉각 자극은 뇌 발달의 시금석이 된다. 태어나면서부터 촉각으로 오는 정보가 두뇌에 입력되기 때문에 촉각은 감각 기능 발달의 첫 번째 단계가 된다.

인간의 손가락 끝은 촉각 수용기가 무려 손바닥의 3~4배에 달하는 밀도를 지니고 있다. 그래서 스킨십을 통해 사랑을 느끼고, 풍성한 환경을 만들어 오감을 자극시켜 뇌 전 영역이 발달하도록 하는 것이 가장 중요하다.

피부 자극을 통해 아이는 사랑을 느끼고, 의사소통을 하며, 새로운 경험을 하게 된다. 엄마가 아기를 안고 아이 입에다 젖가슴을 대고, 만지고 씻어주는 등의 '엄마 자극'(스킨십)을 통해 뇌는 활발하게 발달하며 운동신경도 서서히 발달한다. 이처럼 아이는 오감을 통해 뇌가 발달하기 때문에 눈으로 보고, 귀로 듣고, 입으로 말하고, 몸으로 체험하며 뇌에 있는 신경수상돌기와 신경회로를 자극하면서 폭발적으로 발달하는 것이다.

또, 아기의 인지 기억은 생후 12개월까지 크게 발달되며, 며칠 전에 본 대상이나 사건을 기억해내는 회상기억도 8~12개월에 크게 발달한다. 회상 기억의 이러한 향상은 뇌의 여러 부위를 연결하는 회로가 성숙함으로써 나타난다. 회상 기억(Recall Memory)에 중요한 역할을 하는 부위는 측두엽의 해마와 시상의 일부이다.

생후 3세까지 민감기, TV 시청 및 과도한 언어학습은 금물

생후 3세까지는 뇌 발달의 결정적 시기이므로 이 시기에는 신체나 인지·정서 발달의 영역이 마치 스펀지처럼 어떤 정보든 있는 그대로 흡수한다. 이 결정적 시기를 '민감기(sensitive period)'라고도 부르는데, 어떤 정보가 좋고 나쁜지 분별하는 능력 없어 무분별하게 받아들이는 시기이다.

출생에서 4세까지 수상돌기의 성장

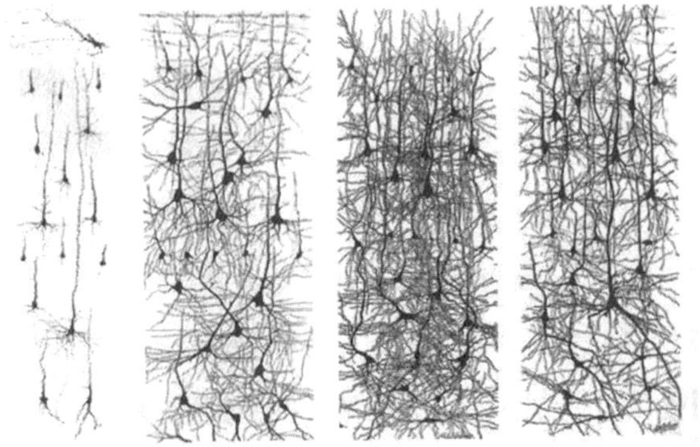

출생시　　6개월　　2세　　4세

따라서 이 결정적 시기인 3세까지는 유해한 정보를 피해야 하며 특히 폭력성 TV 프로그램, 과도한 언어학습, 간접흡연, 알코올 등은 반드시 피해야 한다.

자폐증 유아들에게 보이는 가장 큰 공통점은 영상물을 과도하게 시청했다는 사실이다. 아이들은 반응하면서 자라며, 칭찬받으며 강화되고 상호작용에 따른 직접적인 체험을 통해 뇌가 발달한다.

아이가 TV에 대고 사탕을 달라고 하면 TV가 반응하지 못한다. 이처럼 일방향 영상물을 많이 보게 되면 아이들은 사회적 관계 형성에 심각한 문제를 일으킨다. 뿐만 아니라 짜증을 부리거나 정서 변화가 심각하다. TV 시청을 많이 한 아이들은 언어 능력에서도 표현력이나 이해력이 부족해 늦게 발달한다. TV 시청은 ADHD의 발생률을 높이기도 한다.

또, 부모의 애정결핍이나 학대, 방임 등과 같은 정서적 문제도 뇌 발달에 좋지 않는 영향을 미친다. 이런 상황은 스트레스 호르몬을 분비하게 하며 특히 너무 이른 학습이나 정서적 스트레스는 뇌 발달에 치명적 인 결과를 초래한다. 어떤 아이는 생후 8개월부터 영어 학습을 시켜 결국 유아 비디오 증후군을 발병케 한 사례도 있다.

아이에게 스트레스를 주면 스트레스 호르몬인 코르티졸의 수치가 높게 분비되므로 육체적 발달이 지연될 뿐만 아니라 정신 건강에도 크게 나쁜 영향을 미친다.

영아기, 대뇌피질 발달의 기초 공사 시기

대뇌피질에는 두정엽, 측두엽, 후두엽, 전두엽 등 4개의 엽이 있다.

신생아의 촉각을 담당하는 두정엽의 시냅스는 생애 초기에 빠르게 발달하므로 엄마는 아이를 안아주고 신체접촉을 통해 아이의 뇌는 자연스럽게 발달한다. 엄마와의 신체적 접촉은 아이에게 심리적 안정감을 제공해 정서 발달이나 인지 발달에도 커다란 영향을 끼치게 되며 안정적인 애착 형성을 확립함으로써 대인관계에도 영향을 준다.

신체 발달과 관련되어 있는 두정엽의 운동피질은 생후 2개월~1년 사이에 활발하게 활동하는 시기이므로 다양한 신체 활동을 경험하게 하는 것이 좋다. 그리고 1세 후반쯤 되면 미각을 담당하고 있는 두정엽의 시냅스가 잘 형성되어 입맛이 더 예민해진다. 따라서 다양한 음식 재료를 이용해 이유식을 만들어 주면 영양뿐만 아니라 뇌 발달에도 도움이 된다.

청각 능력과 연결된 측두엽은 3~4개월 무렵 시냅스 성장과 수초 형성이 활발해져 생후 1년까지 계속된다. 뇌에 청각 자극과 정보가 전달되면서 측두엽의 시냅스를 촉진하게 된다. 물론 청각은 7~10세까지 발달한다.

시각과 연결된 후두엽은 생후 3~4개월 무렵 활발히 성장하기 시작해 생후 1년까지 계속된다. 영아들은 식구들과 집안 구석구석을 탐색하고 가족과 상호작용하는 것만으로도 후두엽이 발달하며 충분한 자극이 된다.

태어난 지 6일 정도 된 아기들은 엄마 젖을 구별하는데, 이는 엄마 냄새에 익숙해진 후각 기능 때문이다. 냄새를 통해 후각 세포가 자극되면 뇌의 변연계로 전달되고, 감정의 발생 장소인 편도체에 도달한다. 그리고 냄새와 함께 느꼈던 감정에 대한 기억이 남아 있는 전두엽이 활성화되기도 한다.

우리 뇌의 사령탑이라고 일컫는 전두엽은 대뇌피질에서 가장 넓은 부분을 차지하고 있는 이마엽이다. 전두엽은 인지 및 주의집중, 사고작용 및 동작과 정서를 조절한다. 아기의 전두엽 활동이 증가하는 시기는 8개월 무렵이며, 이때 정감어린 말투, 따뜻한 눈빛, 포옹 등과 같은 행동을 통해 애착을 형성하면 전두엽은 더욱 더 활발하게 활성화된다. 전두엽의 발달을 위해서 따뜻한 분위기의 조성은 매우 중요하다.

정서발달의 결정적 시기

영아기는 정서발달의 결정적 시기로, 성격이 결정되는 중요한 시기다. 정서 반응은 변연계의 편도체 부위에서 일어난다. 변연계는 생후 8

주 정도부터 활발하게 발달한다. 언어나 인지를 담당하는 대뇌피질은 아기가 태어난 후 천천히 발달하기 시작한다. 변연계는 생애 초기에 결정적 시기를 맞는다. 그래서 정서, 감정, 기분과 관련된 온갖 정보의 자극을 받아들이게 되어 있다. 이때 좋은 경험, 자극, 정보가 필요하다. 긍정적 정서를 가지고 아기와 상호작용할 때 아기의 변연계는 건강하게 발달하고 변연계의 튼튼한 기초가 세워지게 된다.

이 시기에 엄마와의 정상적인 상호관계가 이뤄지지 못하면 '시설증후군'을 보이게 된다. 엄마의 사랑과 정서가 제공되지 않으면 변연계는 시들어 버리는데, 변연계 중 편도체에서는 양육자로부터 따뜻한 보살핌과 애정을 받게 되면 긍정적인 정서를 발생시킨다. 반면, 엄마가 보이지 않거나 엄마 냄새가 나지 않으면 아기의 편도체는 두려움, 불안, 슬픔과 같은 부정적 정서를 유발한다.

이처럼 아기가 애정을 받지 못하면 편도체에서 긍정적인 정서가 발생할 기회를 잃고 부정적 정서를 경험하게 되며, 전두엽의 기능도 약화되어 결국 정서를 관리하고 조절하는 능력을 상실한다.

부모와의 정서적 교감(상호작용)은 정서 지능을 높일 뿐만 아니라, 인생을 좌우하는 열쇠가 되기도 한다. 따라서 긍정적인 감정을 자극하도록 해줘야 한다. 왜냐하면 뇌세포는 한 번 손상되거나 파괴되면 다시 회복 재생될 수 없기 때문이다.

영아기 뇌 정신 건강, 부모와의 교감이 중요

성격은 유전과 환경에 의해 형성되는데 유전이 50%로, 환경은 3세

이전에 거의 형성되며, 여기에 관여하는 뇌의 신경전달물질이 크게 영향을 미친다.

에너지원인 도파민이 부족하면 주의력 결핍이 일어나고, 창조성을 나타내는 아세틸콜린이 부족하면, 학습장애, 기억력 감퇴, 무기력이 일어나며, 안정감을 주는 가바가 부족할 때는 충동적이며, 폭력적인 성향을 지니게 된다. 또한 즐거움을 주는 세로토닌이 부족해 우울한 성향을 가지며 변덕이 심해진다.

영아기의 뇌 정신을 건강하게 형성시키려면 부모와 자녀의 교감이 가장 중요하다. 특히, 영아기에 '불안'을 경험하면 이것이 모든 정신병리의 근원이 된다는 사실에 주목해야 한다.

영아기에 엄마와의 분리나 아동 학대, 방임이나 언어적 학대는 스트레스의 산물이 된다. 정신병리학자들은 "영아기에 학대나 분리의 경험이 태어나서 3세까지는 정신병, 6세까지는 신경증의 근본이 된다."고 말하고 있다. 즉, 영아기 때 분리불안장애나 영아기 우울증, 반응성 애착장애 등이 발병되지 않도록 유념해야 한다.

한편, 영아기 때는 뇌가 폭발적으로 발달하는 시기인 만큼 TV나 비디오를 보지 않도록 하는 것이 좋다. 계속해서 TV 화면이나 비디오를 보게 되면 후두엽 신경세포망이 과잉 발달되어 유아 비디오 증후군을 일으키며 신경세포망을 흐트러지게 만든다. 1일 1시간 TV 시청을 하면 ADHD 발병 확률이 10%이며, 1일 2시간 시청하면 ADHD 발병 확률이 20%가 된다는 연구결과가 있다. 즉, 이때의 스마트폰이나 TV, 비디오 시청은 아이의 뇌 성장에 독이 된다.

참고) 성경에서 본 뇌 발달

נַעַר (히브리어, 나아르)			
Baby 0 - 3세	Preschool 3 - 7세	Child 8 - 14세	Adolescent 15 - 24세
갓난아기 출애굽기 2:6 잠언 22:6 창세기 1:17 사무엘상 1:22 애베소서 5:13	**어린이** 사무엘상 1:24, 30:17 열왕기하 5:24	**소년** 창세기 25:17 사무엘상 1:22 **소녀** 창세기 24:14,16 28:55, 34:3,12 신명기 22:15	**젊은이** 창세기 34:19, 41:12 열왕기상 3:17 출애굽기 24:5, 33:11 시편 119:9 잠언 1:4 사도행전 20:4

뇌는 유아기의 발달을 말한다

유아기는 3~7세에 이르는 학령 전기에 해당되는 시기로서 유아교육의 결정적 시기가 된다. 3~4세가 되면 신경세포 간의 시냅스는 폭발적으로 성장하고 언어 발달과 정서 발달의 중요한 시기가 된다. 시냅스의 밀도는 5~10세가 되면 급격히 감소된다. 왜냐하면 불필요한 시냅스를 제거하고 뇌가 효율적으로 작동하기 위함이다.

종합적 사고를 담당하는 전두엽이 활발한 시기

전두엽은 주로, 판단하고 기억하고 의사 결정하는 대뇌피질로, 인간성과 도덕성을 좌우하는 뇌의 영역이다. 전두엽 중에서도 이마 부분에 해당되는 전전두엽이 인성의 발생 장소이다. 다시 말하면 전두엽이 사람다운 생각과 활동을 할 수 있도록 모든 기능을 담당하고 대뇌피질들을 진두지휘한다. 전전두엽은 기억을 하게 하고, 상황에 맞는 언어 표현을 하게 하며, 사람들의 눈치를 살피게 하고, 중요한 의사결정을 제대로 하도록 도와주는 곳이다. 또한 정서를 조절하는 기능을 하는 전두엽의 발달은 활발해서 부모가 스스로의 정서를 조절해 주어야 하는 중요한 시기이기도 하다.

언어 발달의 결정적 시기

결정적 시기라는 말은 최적의 시기를 의미한다. 4세 이후부터는 언어 발달의 결정적 시기를 맞이하게 된다. 따라서 언어와 관련된 학습은 4세 이후에 시작하는 것이 좋다. 언어 영역의 발달은 생후 18~24개월이 중요한 시기이다. 언어를 담당하는 대뇌피질은 좌측 측두엽이고, 우측 측두엽은 음악과 관련된 소리나 말 속에 포함된 감정의 뉘앙스를 파악하는 기능을 한다. 좌측 측두엽은 자음과 모음, 단어의 의미, 언어라는 기초를 다룬다.

특히 좌측 측두엽 중에서 브로카 영역과 베르니케 영역이 언어를 유연하게 사용하는 기능을 하고 있다. 브로카 영역은 말하는 기능이고 베르니케 영역은 언어를 이해하는 기능을 갖는다.

거울신경세포가 가장 활발한 시기

유아기는 모방의 전성기로 모방을 통하여 거울신경세포를 활발하게 움직이기 시작한다. 특히 언어발달의 결정적 시기가 4세 이후부터인 것은 언어 모방을 통해 언어를 발달시키는 거울신경세포의 활동 때문이다. 거울신경세포는 아기가 인간으로서의 기능을 갖춰 가는 데 중요한 역할을 한다.

거울신경세포는 아기가 태어난 지 일주일이 채 되지 않아 바로 역할을 하기 시작하며 유아기 때는 가장 활발히 활동한다. 엄마 아빠가 웃어주고, 자신을 돌봐주는 것을 바라보면서 아이의 거울신경세포는 활성화된다. 그리고 거울신경세포를 통해 학습할 엄마 아빠의 말과 행동을 뇌세포가 기억한다. 이 과정은 마치 거울을 보면서 행동을 익히는 놀이처럼 보인다. 태어난 지 얼마 안되어 거울신경세포를 통해 엄마 아빠의 행동을 모방하는 행위는 사회적 관계의 첫 시작이며 최초의 인간관계라 할 수 있다.

아이들의 사회성 발달은 거울신경세포를 반응케 하는 일이다. 눈을 마주치고, 따뜻한 표정을 보여주고, 행복한 감정을 표현하면 거울신경세포가 모방하여 사회성과 공감능력을 배양시키게 된다.

근육운동 조절 능력이 발달하는 시기

생후 4~5세가 되면 아이들은 근육운동 조절 능력이 발달하여 깡충깡충 뛰고, 춤도 추고, 두 발 자전거를 타려고 한다. 조립하는 장난감으로 건물을 지을 수도 있으며, 물 위에 누운 채로 떠 있을 수도 있고, 낮은 언덕에서 스키를 탈 수도 있다. 유아기에 접어들면 놀이터에 있는 많은 놀이기구를 사용하며 소근육도 상당히 발달하여 혼자서도 종이

접기, 가위질, 젓가락질, 색칠하기 등을 할 수 있다. 또한 유아기는 전두엽의 동작피질 발달이 활발하여 리듬 동작에 민감하기 때문에, 유아 스스로 음악에 맞추어 여러 가지 율동을 하거나 다른 사람의 행동을 흉내 내기를 좋아한다.

유아기의 뇌 발달 정신 건강에 저해되는 것이 바로 인터넷 게임이다. 특히 유아기 때 부모의 무관심으로 인한 반응성 애착장애나 불안에서 기인하는 공포장애, 그리고 ADHD나 반항성 도전장애 등이 발생하기 쉬우므로 뇌 발달 정신건강에 각별히 유념해야 한다.

뇌는 아동기의 발달을 말한다

아동기는 8~13세에 해당되는 시기로 흔히 학령기라고 말한다. 초등학교에 다니는 시기로서 아동기는 뇌의 회로망이 완성되는 시기이다.

측두엽과 두정엽이 급격히 성장하여 완성되는 시기

7~12세까지는 뇌의 측두엽과 두정엽이 활발하게 발달한다. 측두엽은 언어와 기억 능력을 관장하고, 두정엽은 공간지각 능력과 논리적 입체적 사고를 각각 담당한다.

따라서 초등학교에서는 측두엽의 급격한 성장으로 한글 익히기, 책 읽기, 글자쓰기, 외국어 학습 등이 활발하게 이루어지며, 두정엽의 성장으로 오감을 통한 공간 지각능력으로 환경을 인지하는 능력을 학습시킨다. 다시 말하면, 수학과 과학, 퍼즐게임, 도형 맞추기 등 입체적이고 논리적인 사고가 필요한 학습시기이다. 그래서 아동기는 언어학습과 수학 과학의 최적기가 되는 것이다.

특히 측두엽은 기억과 인생의 경험을 저장하는 부위이다. 이때 하나님을 만나거나 은혜를 받으면 영원히 오랫동안 기억되기 때문에 초등학교의 교회 교육이 그 어느 시기보다도 중요하다. 나이가 많은 노년기에는 신념기억만 강하므로 초등학교의 교회 교육은 대단히 중요하다고 할 수 있다.

측두엽은 글을 읽고 그것을 기억하고 새로운 정보를 통합하는 기능을 한다. 아동기 때 책을 많이 읽고 새로운 경험을 많이 하는 것이 무엇보다도 중요하며, 위인전집 등을 많이 읽으면 앞으로 자기가 어떤 사람이 되어야 할지를 선택하는 데에도 좋은 기회가 될 것이다.

시냅스 가지치기를 통해 기능이 전문화되는 시기

태어날 때 1,000억 개의 신경세포는 세포 간의 연접부인 시냅스가 거의 완성되어 신경 네트워크를 이룬다. 그래서 3세 무렵이 되면 시냅스는 무려 1,000조 개(혹자는 100조 개)에 이른다. 시냅스는 태아가 2개월 될 때 형성하기 시작하여, 태내에서 25% 형성되고 나머지 75%는 출생 후 10세가 될 때까지 꾸준히 형성된다.

시냅스는 유아기, 아동기, 청소년기를 거치면서 가지치기가 이루어지는데, 이는 뇌 성숙 과정의 정상적이고 유익한 과정이다. 시냅스 형성과 가지치기는 아동기에 균형을 이루고 있으나 시냅스의 숫자는 대단히 많은 상태이다. 그러나 사춘기에 가까워지면 시냅스 가지치기가 시냅스 형성보다 더 많아지게 된다.

아동기에 있어서 신경세포의 가지치기(정리)는 여자는 11세, 남자는 12세에 이루어지는데, 쓰이지 않는 신경세포 및 신경회로의 시냅스 가지치기가 동시에 이루어진다. 유용한 신경회로는 더욱 활성화되고 그렇지 않은 것은 약화되면서 뇌 회로망은 완성되어간다. 이때 잠재능력이 손실될 가능성이 있다.

시냅스의 정리 작업이 뇌의 모든 부위에서 동일한 속도로 일어나는 것은 아니다. 대뇌피질 부위에서는 시냅스 정리가 극적으로 이루어져 초당 약 33개의 시냅스 정리가 이루어지는 반면에, 뇌간의 부위에서는 변화가 적은 편이다. 뇌의 시냅스 정리(가지치기)는 여러 가지 경험에 의해 신속히 반응하며 일어난다. 새로운 것을 많이 배울수록 수상돌기는 뻗어나가고 인접한 신경세포의 축색돌기가 연결되며 시냅스가 형성되는 것이다.

좌·우뇌를 연결하는 뇌량의 중앙 부분 발달로 언어 발달 용이

유아기에는 뇌량의 앞부분만 발달하였으나 아동기가 되면 뇌량의 발달 부위가 중앙으로 이동한다. 연상적 사고와 언어기능을 담당하는 칼로좀 이스무스는 7~12세 나이 때 80% 이상의 성장률을 보이다가 13세 이후가 되면 현저히 감소된다. 이러한 사실은 아동기의 언어발달이 얼마나 중요한 시기인가를 말해주고 있다.

언어와 관련된 시냅스는 유아기 때 만들어지므로 성인보다 아이들이 새로운 언어를 배우기가 더 쉽다. 그래서 10세 이후가 되면 외국어 발음을 완벽하게 할 수가 없는데 그것은 발음과 관련된 시냅스가 더 이상 만들어지지 않기 때문이다.

아동기 뇌 발달의 정신건강 문제로는, 6~18세에 분노가 주 3회 폭발하는 파괴적 기분부전장애와 ADHD, 학습장애, 학교 공포증, 불안장애, 품행장애와 우울증, 학교폭력과 집단 따돌림 등이 발병할 수 있으므로 유념해야 한다. 아동기 우울장애는 비교적 흔할 뿐만 아니라 재발할 확률이 높은 편이다.

ADHD는 아동기 중기에 품행장애를 보일 가능성이 많으며, 아동기 중기 때 시작된 품행장애는 청소년기에 비행 및 반사회적 행동을 보일 가능성도 높다. 한마디로 ADHD 아동은 인지적 결함과 충동성 및 감각 추구의 행동 때문에 학습 곤란으로 이어져, 그 중 일부가 품행장애가 되기도 한다. 또 틱장애는 7~11세의 아동에게 가장 흔히 발병되기도 한다.

아동기에 크게 영향을 미치는 게임 중독

뇌는 가소성이 풍부해 아직 뇌가 발달하고 있다는 점을 고려한다면 게임 중독의 위험성이 크다. 게임을 하다보면 뇌의 쾌감중추를 자극하여 도파민이라는 신경전달물질이 분비하게 되고, 쾌감을 맛보면 그 쾌감을 기억하여 다시 맛보려는 연속성과 과다한 도파민이 분비되어 결국 게임 중독에 이르게 된다.

게임 중독에 빠지면 학습문제 뿐만 아니라 정서에도 문제를 일으켜 파괴적이고 폭력적인 분위기에 익숙해지며 가족이나 교우 관계도 소홀해진다.

뇌는 청소년기의 발달을 말한다

청소년기는 14~24세에 해당하는 시기로 초, 중, 고, 대학 시기를 말한다. 사춘기는 여자 10~12세, 남자 12~14세에 시작되며 청소년 후기를 청년기라고 한다.

시각 기능을 담당하는 후두엽의 발달이 활발하다

시각 기능의 발달은 12세 이후에 활발히 진행되며 자신의 주위를 돌아보면서 자신과 타인의 차이점을 발견하게 되고 외모에 대한 관심이 부쩍 늘어난다.

특히 시각적 요소들, 즉 외모나 유행 등에 지나치게 민감해진다. 화려하고 멋진 연예인이나 운동선수들에게 빠져서 열광하는 것도 후두엽의 발달과 밀접한 연관이 있다. 사춘기 이전의 아이들은 주의력이 오래 지속되지 않는데, 그 이유는 주의를 집중하는 데 중요한 역할을 하는 뇌의 망상체가 제대로 발달하지 못했기 때문이다. 이성을 담당하는 전두엽도 성인이 되고 나서야 겨우 시냅스가 완성된다. 따라서 청소년들이 어른에 비해 감정적이고 충동적인 것은 전두엽이 아직 제대로 형성되지 않았기 때문이다.

전두엽의 미엘린이 완성되는 시기이다

18~20세(또는 25세)에 이르러 미엘린 수초 형성이 완료됨에 따라 앞쪽 전두피질의 성숙이 끝을 맺는다. 뇌에서 좌측 전전두피질은 지혜의 창고이고 뇌 전체의 기능과 인간 행위의 전체를 총괄하는 사령관이다. 사

람의 모든 지혜가 여기서 나오며 성격과 도덕 센터 역할을 하기도 한다. 전두엽의 시냅스는 우리 생활에서 얻어지는 경험의 자극을 받아 형성된다. 그래서 사람이 태어나서 성장한 경험과 자극에 따라 생각과 표현이 현저히 달라질 수 있다.

시냅스의 밀도가 성인의 뇌 수준이다

시냅스의 정리 작업이 청소년기에 이르러 33%가 잘려나가지만 엄청나게 많은 시냅스는 대뇌피질 안에 여전히 존재한다. 시냅스의 접속이나 수상돌기, 가지치기는 청소년기에 뇌 안에서 일어나는 자연스런 발달 과정의 일환이다. 청소년기에 시냅스도 형성보다 가지치기가 훨씬 더 많아지며 뇌 안의 수십 억 개에 달하는 신경세포가 잘려나가게 된다. 이러한 제거 작업이 진행되어도 신경세포인 수상돌기는 계속해서 뻗어나가며 새로운 경험과 학습을 하며 계속 성장하게 된다. 청소년기가 진행되는 동안 뇌가 성숙하는 과정에서 세 번의 급성장하는 시기가 찾아온다.

학습기억이 절정을 이루는 시기이다

뇌이 신경회로망이 10세 전후로 급격히 성장하여 완성되면서 학습기억이 증가하고 25세에 절정에 이르다가 35세에는 안정적이고, 60세 이후에는 급격히 줄어들어 신념기억이 크게 우세해진다.

학습을 하게 되면 기억 시스템이 바뀐다. 새로운 학문을 끊임없이 공부해야만 우리 뇌는 학습기억이 우세한 형태로 기능하며 유연한 사고를 하게 되고 창의적인 인간이 되는 것이다.

남, 여 행동에 뚜렷한 차이를 보인다

측두엽의 일부에서 여자가 남자보다 신경세포가 11% 더 많다. 그래서 여성의 언어가 톤이나 멜로디에 탁월한 능력을 갖는다. 뇌의 좌우 대뇌피질을 연결하는 신경다발인 뇌량이 여자가 20% 정도 더 크다. 특히 후두엽 부분에서 더 두드러진다.

뇌량은 시각이나 주변의 공간인식 그리고 언어 이해와 관계되는 영역들을 연결하는 부분이다. 그리고 좌우 반구를 이어주는 전교련도 남성보다 여성이 더 크다. 그래서 여성들이 정서와 관련된 감각과 말솜씨가 더 뛰어난 것이다. 남자들은 좌반구보다는 우반구에 있는 대뇌피질이 더 두껍다. 반면 여자들은 양쪽 반구의 대뇌피질 두께가 같다. 단어를 짝짓기 할 때 남자들은 좌반구의 움직임이 활발하며 여자들은 좌우반구가 모두 활발하게 움직인다.

감정의 뇌인 변연계도 남자보다 여자가 더 크다. 그래서 여성이 우울증에 더 잘 걸리는 소인이 된다. 남성은 정서, 성, 공격성을 지닌 변연계 시스템의 여러 구조에서 뇌가 활성화되어 있으며 여성은 감각, 몸단장, 즐거움, 정서 등과 관련된 부분의 뇌가 활발하게 움직인다. 대뇌피질의 활동에서도 남녀의 차이를 볼 수 있다. 시각(보는 것), 청각(듣는 것), 그리고 촉각(느끼는 것) 등 외부 세계를 이해하는 능력(공간인지)은 남성 쪽이 더 우세하다고 한다.

신경가소성의 민감기이다.

만 15세까지의 10대들은 자신들이 만 10세였을 때보다 감정조절을 훨씬 어렵게 느낀다. 10대들의 부정적인 정서의 가장 큰 원인은 학업성적이고, 그 다음으로는 친구 및 가족들과의 관계에서 오는 어려움이다. 그래서 인생에 대한 자연스럽고도 격렬한 감정들이 친구들이 이해하고 지지해 주어야 하는 때인 것이다.

또 한편 청소년기에 왕성하게 분비되는 성 호르몬으로 인해 편도체가 과잉 활성화되어 청소년기 특유의 정서적인 기복이 생긴다. 정서의 뇌라고 불리는 측두엽에 속한 변연계는 10~12세 무렵에 거의 성숙된다. 이는 충동적이고 모험적인 사춘기 행동의 원인이 된다.

감정을 통제하는 이성의 뇌인 전두엽의 성숙이 변연계에 비해 약 8년 이상 늦어지는데(18~20세), 이로 인해 질풍노도의 시기를 맞게 된다. 변연계와 전두엽의 성숙 속도의 차이로 인해 청소년기 초기에는 충동적이고 모험적인 행동을 하는데 이는 신경가소성의 민감기이기 때문이다.

청소년기의 뇌 발달에 따른 정신건강의 문제로는, 10대 여학생들이 4명 중 1명이 식욕부진이나 폭식증, 극심한 다이어트 등의 식사장애를 앓고 있는 점이다. 우리나라 중, 고 10대 청소년의 1/3이 담배를 피우는 것으로 추산되는데, 흡연은 뇌 건강에 엄청난 영향을 미친다.

니코틴은 조기에 뇌를 노화시키며 혈관을 수축시키고 혈류를 방해한다. 또한 청소년의 90%가 술을 마시는데, 알코올은 사람의 생각, 언어, 근육 신경 간의 협응 체제에 심각한 변화를 가져온다. 알코올은 뇌의 전두엽과 측두엽에 영향을 줌으로써 사실을 기억해내는 능력, 단어를 떠올리고 반응하는 능력, 어떤 행동을 취하려고 계획하는 능력, 걷기 및 손가락, 팔, 손의 움직임을 통제할 수 있는 능력을 방해한다. 그리고 음주운전은 교통사고의 원인이 되기도 한다.

알코올은 세로토닌의 분비를 감소시키고 뇌 기능을 감소시켜 소뇌의 활동을 저하시키고, 니코틴과 같은 중독성 물질은 측좌핵을 혼란시킨다.

청소년 후기 또는 청년기가 되면 모든 불안장애(공황장애, 공포장애, 강박장애 등)와 정신장애가 나타나며 특히 인격장애나 정신분열증의 정신장애가 또렷이 나타나는 시기이기도 하다. 또한 청소년기에는 인터넷 및 게임 중독의 발병률이 높은 시기이기도 하다.

우리나라 중학생의 학교 폭력이 75%, 인터넷 중독의 58%가 청소년 초기에 나타나므로 각별한 지도가 필요하며 젊은이들이 즐겨먹는 탄산음료 역시 측두엽의 해마를 손상시키기 때문에 특히 피해야 한다. 측두엽은 10~11세에 완성되며 좌측 측두엽의 문제는 타인을 공격하거나 자신을 공격하여 62%가 자살을 하게 된다.

청소년 사망의 1위가 자살로, 동전의 양면인 우울증이나 조울증 그리고 수면장애나 약물남용 등에도 관심을 가져야 한다. 청소년기 우울장애는 중년기의 우울장애를 능가하고 있기 때문에 세심한 관심과 사랑, 그리고 배려가 필요하다.

뇌 발달에서의 성인기는 성년기(20~40세 성인 초기)와 중, 장년기(40~60세 성인 중기)를 포함하는 시기이다. 60세 이상은 성인기의 후기로서 노년기라고도 한다.

뇌 발달에 대한 일반적인 인식은 "뇌세포는 나이가 듦에 따라 죽어가며 죽은 뇌세포가 재생되거나 새로운 뇌세포가 생겨나지 않는다."는 것이 정설이었으나, 최근은 뇌 과학의 발전에 힘입어 "뇌실 주변과 해마의 특정 부위에서는 뇌세포가 만들어진다."는 것이 밝혀졌다.

대뇌피질의 백질 부피가 증가한다

대뇌를 싸고 있는 피질이 대뇌피질이다. 주름진 뇌 표면의 맨 위층을 피질이라고 한다. 뇌의 피질은 정보를 처리하는 기능과 그들의 정신활동저장소 역할을 한다. 대뇌피질의 전두엽과 측두엽의 피질에서 발달상에 따라 변화가 일어난다.

회백질의 감소는 아동기에서 성인 초기로 이동할 때 가장 뚜렷하게 나타난다. 회백질의 감소가 점진적으로 일어나는 것은 사춘기 이후 대뇌피질에서 일어나는 시냅스의 솎아내기(전정) 작업 때문이다.

그러다가 성인기에 들어서면 백질이 20~50세 무렵까지 심지어는 60세까지 체적의 평균 20% 증가한다. 백질(white matter)은 신경세포를 연결하는 길고 가는 축색돌기로 이루어져 있으며 백질이 백색으로 보이는 것은 축색이라고 하는 신경섬유를 둘러싸고 있는 수초인 미엘린(myelin)

이란 물질 때문으로 백질의 시냅스가 많아야 머리가 영리해진다.

백질의 축색돌기는 언어피질과 청각피질을 연결하고 있으며 백질은 전화교환 장치처럼 기능한다. 피질을 사고의 뇌라고 부르기도 하는데, 이는 우리의 사고를 담당하고 기억을 저장하기 때문이다.

어른이 되어도 대뇌피질은 성장한다

대뇌피질인 전두엽과 측두엽의 백질 부분은 신경세포로부터 자란 축색과 수상돌기가 서로 얽혀 있는 곳이다. 이곳의 양이 늘었다는 것은 단순히 신경세포 수의 증가를 의미하는 것이 아니라, 나이를 먹어도 대뇌피질이 성장한다는 것이다. 최근의 연구보고에 의하면 대뇌피질의 신경세포가 50세에도 성장한다는 것이 확인되고 있다. 대뇌피질 아래에 있는 변연계의 일부인 해마의 신경세포 수도 늘어나는데, 이곳의 신경세포는 70이 넘는 사람에서도 증식한다. 신경세포는 어른이 되어도 감소하는 것이 아니라 증가한다는 것이 최근의 이론이다.

좌우 대뇌반구의 기능이 또렷해진다

뇌에는 2개의 운동 중추와 2개의 감각 중추가 있다. 그리고 2개의 시각 중추와 청각 중추도 있다. 이처럼 좌우의 신체 부분이 대칭적으로 뇌에 위치하게 된다. 그러나 이 대칭성은 시종일관 일어나는 것은 아니다. 성인기에 들어섬에 따라 뇌의 발달이 이루어지고 좌우의 대뇌반구는 그 기능이 뚜렷해진다.

쉽게 설명하자면 사람의 90~95%가 좌반구에 말하는 언어 중추가 있고, 우반구에는 듣는 언어 중추가 있다. 또한 우측의 청각 중추는 좌측의 중추보다 음악이나 안면인식, 사회질서, 물건 소리를 잘 감지하고, 이에 비해 언어 발음 중추는 우측보다 좌측이 잘 발달되어 기능이 뚜렷해진다. 그리고 후두엽의 우반구와 좌반구에는 시각피질이 있는데, 이는 눈에서 오는 정보의 특별한 신경전달피질의 기능을 하는 것이다. 이 시각 중추는 구조적으로 대칭적이지만 기능적으로는 비대칭적이다. 다시 말하면 좌측 피질은 거의 문자(활자나 단어)를 담당하고, 우측 피질은 도형을 담당하는 도입부인 것이다.

뇌간 망상체의 의식 기능이 활성화되는 시기이다

우리의 의식이 활성화되는 시스템은 뇌간의 망상체 기능이다. 잠에서 깨어나 각성되면 뇌간의 망상체가 활성화되는 의식상태를 결정한다. 이때 전뇌 기저핵에서 아세틸콜린이 분비되고 중뇌 피개 영역에서 도파민이 분비되며, 봉선핵에서는 세로토닌, 청반핵에서는 노르아드레날린이 1초 단위로 분출된다. 망상체에서는 초 단위로 의식의 상태가 된다. 의식의 내용은 대뇌신피질에서 천분의 1초 단위로 글루탐산이나 억제 신호인 가바를 통해 만들어진다.

낮 동안에는 주로 도파민이나 노르아드레날린이 분비되어, 그 결과 의식이 각성되고 활발하게 하루 일과를 활동하게 된다. 그러나 저녁이 되면 부교감신경과 멜라토닌이 활성화되어 수면상태로 들어간다. 그래서 성인기는 의식 기능이 활성화되는 시기이며, 대뇌피질의 각 부위마다 그 기능이 전문화되어 활발하게 움직이는 중요한 시기이기도 하다.

뇌는 노년기의 발달을 말한다

60세 이후를 성인 후기 또는 노년기라 부른다.

뇌 부피가 감소되고 뇌실이 확장되는 시기이다

인간의 뇌는 나이가 들어감에 따라 전체 부피가 감소한다. 특히 70세 이후에 더 빠르게 진행되는데, 그 부위가 바로 측두엽과 해마로서 부피가 두드러지게 감소한다. 뇌 자체의 크기가 줄어들어도 뇌가 들어있는 두개골 안의 전체 부피에는 변화가 없다. 왜냐하면 줄어든 공간은 뇌실의 부피가 증가함으로써 메워지기 때문이다.

학습기억이 떨어지고 신념기억은 상승하는 시기이다

20대 대학생의 경우 절차기억은 10%, 신념기억이 20%, 학습기억이 70% 정도라면, 집중적으로 학습하는 대학시절 이후에는 학습기억이 30%를 줄어들면서 신념기억이 60% 정도 올라간다. 즉, 나이가 들면서 학습부재형의 완고한 인간이 된다는 말이다.

자기가 알고 있는 몇 가지 고정된 신념 체계가 생각의 유연성을 가로막게 된다. 특히 종교나 정치적 도그마에 빠진 사람들이 더욱 그렇다. 신념기억은 어려운 환경을 극복하는 데 강력한 동기가 되지만, 방향을 잘못 설정하면서 다른 사람과 충돌을 일으킨다. 서로 다른 신념 시스템끼리 충돌하는 것은 우리 사회에서 흔히 보는 일이다. 새로운 학문을 끊임없이 공부해야만 우리 뇌는 학습기억에 우세한 상태를 작동하여 유연하고 창의적인 인간이 된다.

몸으로 기억하는 절차기억은 제대로 남는다

나이가 들어서 대뇌피질의 신경세포가 감소해도 반복과 연습을 통해 몸으로 기억하는 절차기억(procedural memory)은 제대로 남아 있어서 어릴 적부터 배운 자전거 타는 법이나 수영, 자동차 운전, 악기연주와 같이 몸으로 기억한 것은 5년, 10년의 공백이 있어도 결코 잊어버리지 않는다.

나이가 들면 체력이 저하되고 반응도 둔해져 예전만큼 빠르게 자전거를 타거나 헤엄칠 수는 없다. 그러나 타는 법이나 헤엄치는 법은 정확히 기억하고 평생 잊어버리지 않는데, 그것은 장기기억 중 절차기억이 그대로 남아 있기 때문이다.

시험공부를 하거나 역사나 화학 기초를 외울 때, 다시 말해서 서술기억(declarative memory)은 머리로 기억하는 느낌이 드는데, 절차기억은 몸으로 기억해서 소뇌에 저장해둔다. 그러나 소뇌에 장애가 있어도 수영을 할 수 있기 때문에 절차기억은 소뇌 이외에 다른 부분과도 관계가 있다는 것이다.

해마의 신경세포는 70세가 넘어도 증식한다

기억은 뇌의 대뇌피질의 바로 안쪽에 있는 대뇌변연계에 속한 해마에서 담당하고 있다. 해마는 나이가 30세부터 서서히 줄어들기 시작하지만, 사실 운동을 하면 해마의 신경생성을 촉진하며, 해마, 전두엽, 측두엽의 신경세포가 새롭게 탄생하여 크게 확대된다. 뇌실 주변과 해마의 두 영역에서 새로운 뇌세포가 만들어진다는 것이 최근 연구에서 밝혀졌다. 뇌세포가 새로 생긴다는 것은 뇌의 모든 부위에서 새로운 세포가 재생된다는 뜻이 아니다.

기억은 신경세포 간을 연접한 시냅스와 관계가 깊다

기억은 뇌 속의 어느 한 군데에 저장되는 것이 아니라, 여러 곳의 시냅스의 네트워크로 존재한다. 신경세포를 나무줄기에 비유한다면, 줄기에 뻗어있는 나뭇가지는 수상돌기에 해당한다. 수상돌기는 새로운 것을 배우면 뻗어나가 인접한 신경세포의 축색돌기와 연결된다. 새로운 것을 많이 배울수록 해마의 시냅스 형성도 많아진다. 그래서 노년기에 많이 배움으로써 학습기억을 증진시켜야 한다.

하나의 신경세포는 하나의 축색돌기와 10만여 개의 수상돌기를 가지고 있기 때문에, 뇌 속의 시냅스는 1,000조(또는 100조) 개에 이른다. 예를 들면, 장난감이 가득한 곳에 쥐를 넣어두면 그 쥐는 4일 이내에 새로운 수상돌기를 만들기 시작한다. 이러한 과정을 거쳐 시냅스가 늘어나고 뇌에 정보가 기억되는 것이다.

반대로 스트레스를 받으면 코르티솔이라는 스트레스 호르몬이 대량으로 분비되어 수상돌기가 쪼그라져 시냅스는 2주 안에 약해진다.

그러나 스트레스 호르몬이 멈추면 다시 원상복귀되고 특정한 기억을 사용하지 않아도 수상돌기가 사라진다. 그러나 이때도 그 기억을 사용하면 수상돌기는 회복되어 시냅스가 강화된다. 나이를 먹으면 젊었을 때보다 신경세포의 조합에 변화가 줄고 오히려 사용하고 남은 것을 조합해서 사용하게 되는데, 이것이 기억력을 저하시키는 한 요인으로 작용되기도 한다.

해마의 아세틸콜린 부족은 기억력 저하의 주요인이다

정보가 뇌 속에 축적되고 이용되며 다른 정보와 연결되는 데 중추적인 역할을 하는 것이 해마에 많이 있는 아세틸콜린이라는 신경전달물질이다. 이것이 부족하면 기억이 저하되며 여러 가지 문제를 일으킨다.

첫 번째 정신건강의 문제는 치매이다

2000년 고령화 사회(65세 이상 인구 7%)에 진입한 우리나라는 2017년 고령 인구가 유소년(0~14세) 인구를 앞지르며 700만 명을 돌파해 고령사회(14% 이상)로 접어들게 된다. 2013년 말 우리나라의 치매 환자는 58만 명에 이르렀다. 치매는 가장 흔한 유형이며 발병 초기에는 기억장애가 두드러지게 나타난다.

두 번째 정신건강의 문제는 자살이다

노인의 자살률은 세계 어느 국가에서도 볼 수 없을 정도로 상상을 초월하여 65세 이상의 노인이 10만 명당 91.7명이 자살을 한다. 선진국과 비교하면 인구 10만 명당 일본이 17.9명, 미국 14.5명에 이른다. 노년기의 자살은 경제적 무능력 34%, 신체질환 및 정신질환(우울, 수면, 질병 등) 33.2%, 외로움, 고독 19.5%, 가정불화 10.3%, 기타 3%로 나타나고 있다. 노년기 정신건강을 위해 가장 중요한 활동은 새로운 학습과 운동 등이다.

PART 5

뇌는 사회성을 말한다

사회적인 뇌는 말한다

사회적인 뇌의 구조물은 말한다

사회적 뇌의 애착형성은 말한다

인간관계의 뇌는 말한다

반응성 애착장애의 뇌는 말한다

반사회적 뇌는 말한다

뇌는 노년기의 고독을 말한다

사회적인 뇌는 말한다

신경과학의 발달로 인해 1970년대를 지나면서 뇌가 하나의 사회적 기관으로 인정받기 시작하였다.(Cozolino, 2010)

뇌는 하나의 사회적 기관이다

신경세포는 상호의존성을 가지고 있기 때문에 서로 자극이 없다든가 상호관계가 없으면 신경세포는 죽게 된다. 그래서 인간이 태어나서 사회적 관계를 맺으려 하는 것은 신경세포 자체가 서로 공동체 속에서 상호관계를 맺으며 살아가려는 아주 자연적인 현상이다. 태어나서 상호의존이 없으면 세포자멸사가 이루어지고 사람은 의존성 우울증을 겪게 된다. 그래서 뇌는 사회적 연접을 통해 다른 사람의 뇌와 연결되어 있는 사회적 기관으로써 발달되어 가며 시각을 통해 사회적 연접을 이루고 얼굴 표정을 통해 사회적 정보를 나누는 것이다. 어린 시절의 사회적 경험은 수십 년 뒤 성인으로써 신경생물학적 환경을 형성하는 데 영향을 미친다.

신경세포 간 상호자극에 의해 기초를 이룬다

신경세포는 1초에 40번 혹은 50번 신호를 발사하여 신경세포 자극이 일어난다. 아주 강한 자극의 경우에는 1초에 500번 정도 신호를 발사할 수 있다. 그러면 정보가 순식간에 공처럼 뭉쳐진 정보꾸러미 형태로 도착한다.

사회적 뇌의 형성에 있어 뇌의 여러 구조물과 체계가 서로 상호작용 하고 있다. 안와 내측 전전두피질은 행동조절과 정서조절에 중요한 역할을 하는 구조물이다. 서로의 얼굴 표정과 몸짓 그리고 시선접촉과 같은 복잡한 사회적 정보가 우리의 감정과 연관시켜 애착 도식을 형성한다. 또한 안와 내측 전전두피질은 감정적 반응을 중재하며, 자율신경계의 교감신경과 부교감신경 분지의 활성화를 조절해 둘 사이에 균형을 맞추어준다.

사회적 연접으로 신경활성화가 이루어진다

아이는 태어나면서부터 감각기관, 즉 피부접촉이나 냄새, 시각 및 소리를 통해 우리 주변에 있는 사람들과 연결하며 생존한다. 미소를 짓거나 손을 흔들어 인사를 할 때도 감각기관을 통해 받아 들여 뇌 속에서 전기 화학적 자극으로 전달되며, 이러한 신호는 새로운 행동을 자극하고 새로운 행동은 사회적 연접으로 다시 메시지를 되돌려준다. 이처럼 사회적 연접을 통해 신경활성화가 일어난다. 아이는 자신의 신체적 및 정서적 욕구를 충족시켜 주는 양육자에게 가까이 머무르게 된다.

사회적 뇌는 감정적 조율을 통해 형성된다

엄마와 신생아 간의 감정적인 조율은 신경망을 형성하게 하고 통합에 영향을 미치며 결국 아이의 자기조절 발달에도 영향을 미친다. 이 감정적 조율은 아이를 쓰다듬어준다든가, 껴안아 주는 것을 통해 이루어진다. 생후 2년 동안 사회적 뇌의 형성은 부모와 아이의 오른쪽 대뇌반구 사이의 조율에 의해 이루어진다. 사회적 뇌의 오른쪽 대뇌반구에 편향된 회로는, 태어날 때부터 작동되며 생후 첫 2년 동안이 민감한 시기이다.

모성적 관심과 양육이 크게 영향을 미친다

어린 시절의 모성적 관심과 양육이 사회적 뇌의 형성에 영향을 미친다. 어린 시절 대인관계가 무섭고 학대적일 때, 사회적 뇌나 감정적인 회로의 형성에 크게 나쁜 영향을 미친다. 모성적 관심 행동이 낮을 때 아이는 더 두려워하고 더 부정적이며 우측에 치우친 전두엽 활성이 일어난다. 이러한 현상은 높은 수준의 스트레스와 각성이 연관되어 있다. 또 모성과 접촉이 차단된 아이의 뇌에서는 세로토닌의 수용체가 감소된다.

모성적 관심과 어린 시절의 모성 박탈에 HPA(hypothalamus-pitutaryadrenal, 시상하부-뇌하수체-부신) 축의 활성도가 행동에 영향을 미친다. 스트레스를 많이 받은 모성적 행동은 부정적 상황을 만들어 자식에게 스트레스를 증가하도록 프로그래밍한다. 나중에 신체적 병리와 감정적 병리가 발생할 가능성이 역시 상승하게 된다. 자살한 사람의 뇌에서는 뇌신경 건강 가소성에 관여하는 신경영양인자와 수준이 떨어졌다. 이런 결과는 어린 시절에 학대가 있었던 환경에서 자란 이들로 하여금 우울증이나 자살에 민감하도록 만든다.

어린 시절의 경험은 긍정적이든 부정적이든 프로그래밍되어 성장하면서 나타나도록 되어 있다. 그래서 어린 시절에 받았던 상처는 감정이나 인지, 행동에 의식적이든 무의식적이든 간에 영향을 미친다. 결론적으로 엄마의 관심을 더 많이 받으면 건강하고, 병의 회복도 빠르며, 다른 사람을 돌볼 수 있는 뇌를 가지가 된다는 것이다. 또한 빨리 배우고, 기억을 더 오래 유지할 수 있으며, 스트레스를 받더라도 더 적게 반응하기 때문에 각성이 많이 되어 있는 상태나 어려운 상태에서도 학습능력이 더 양호하다. 이들은 코르티솔의 손상 효과에 영향을 덜 받는다. 그래서 더 많이 관심을 받은 여성이 긍정적 모습을 자신의 아이에게 물려줄 수 있다.

어린 시절 모성 분리(박탈)는 뇌에 크게 영향을 미친다. 엄마와 오랫동안 떨어져 사는 경우(분리의 경험)나 엄마의 우울증으로 모성 박탈을 경험한 경우, 즉 모성 분리를 경험한 사람들은 신경성장과 뇌의 가소성에 영향을 미쳐, 신경세포와 아교세포가 많이 사망하고 배측 해마에서 아교세포의 밀도가 감소하는 것으로 밝혀지고 있다.

또한 모성 분리는 HPA 활성도에 영향을 미치는데, 청색 반점에 있는 가바 수용체가 감소하고 불안, 두려움 및 스트레스에 대한 반응이 증가해 중독에 대한 취약성이 증가하며, 탐색 활동의 감소, 새로운 것에 대한 회피가 증가한다. 중요한 것은 유전자 발현이 감소하고, 약한 스트레스에 반응하여 더 많은 코르티솔을 분비, 놀람 반응과 놀람에 의해 유발된 소리가 증가한다.

모성적 관심은 후생적 유전자를 발현한다

특히 모성 행동의 양에 따라 900개 이상의 유전자가 다르게 발현되며, 후생적 발현에 대한 유전자가 발견되었다. 흥미롭게도 40세 이후에 출산을 한 여성은 100세까지 살 확률이 거의 4배 정도 더 높다. 이것은 대개 출산과 관련된 호르몬의 보호적 성향 때문으로 설명하는데, 이런 수명 연장은 부분적으로는 양육에 연관된 광범위한 생물학적 과정과 심리적 과정과도 연관이 있을 수 있다.(Cozolino, 2010)

아이를 양육하는 것은 건강을 증진시키고, 노화를 지연시키는 후생적 과정과 생화학적 과정을 통해 뇌와 신체에 자극을 주는 것으로 보인다. 모성의 관심이 아이에게 후생적인 요소를 촉발시키는데, 아이를 돌보는 것도 역시 양육자의 유전자를 발현시켜 변화를 준다. 어린 시절의 양육은 사회적 뇌와 감정적인 뇌의 회로를 형성하는 데 영향을 미친다. 어린 시절에 대인관계가 무섭고 학대받으면, 뇌는 그런 불행한 상황에 적응하도록 한다.

사회적인 스트레스를 받게 되면 세포의 증식이나 신경 가소성이 억제되고 사회적인 지지와 연민 그리고 친절함은 긍정적인 신경이 성장하도록 도와준다.

경험 의존 가소성은 전전두피질과 해마를 포함한 뇌의 많은 영역에서 발견된다. 학습과 기억에 중요한 이러한 구조물들은 애착도식을 형성하는 데도 역시 중요하다. 엄마가 아이에 대한 관심이나 돌봄, 그리고 양육의 경험은 우리의 뇌 구조물과 성숙에 영향을 미친다. 엄마가 아이를 양육하는 모성의 관심과 돌봄은 엄마의 축복이요, 아이가 받은 사회적 뇌 기능 형성의 축복이다.

사회적인 뇌의 구조물은 말한다

사회적인 뇌의 구조물에는 피질과 피질하 구조물이 있다. 이성의 뇌인 전두엽 중 안와 내측 전전두피질(Ompfc)은 변연계의 꼭대기에 있는데, 다양한 감각과 신체적 정보 및 정서적 정보가 모이는 지점이다.

안와 전전두피질은 외부나 내부에서 받은 정보를 결합시킬 수 있는 완벽한 자리이며, 자율신경계 기능을 세어하는 역할을 한다. 또한 행동조절과 정서조절에 중요한 역할을 하고 있다.(Cozolino,2010)

안와 내측 전전두피질은 얼굴표정과 몸짓 그리고 시선 접촉과 같은 복잡한 사회적 정보를 가지고 있으며 우리의 감정과 연관시켜 애착도식을 형성한다. 또한 감정적 반응을 중재하여 자율신경계의 교감신경과 부교감 신경분지(Branch)의 활성화를 조절하고 둘 사이에 균형을 맞추어준다.

대상회(Cingulate)는 전두엽 중앙의 심층부에 있는 뇌의 기어 변속기로 운동, 촉각, 내장, 자율신경 및 감정적 정보에 대한 원초적인 연합영역으로써 생후 2개월 동안 뇌 활동에 참여하기 시작한다.

대상회는 모성행동과 놀이 그리고 양육할 때 처음 발생하고 엄마와 아기 사이에 의사소통과 연관된 소리를 낼 때 처음으로 나타난다(강하게 흥분된다). 잠을 자다가도 아이의 우는 소리를 들을 때 대상회의 발생으로 엄마의 모성 행동이 나타난다.

전대상회가 있으므로 양육행동과 공명행동(Resonance)은 사회적 협동과 공감을 위한 신경적 기반 구조의 중요한 요소가 된다. 전대상회는 다양한 정보의 흐름을 연결하고 조절하기 위해 방추 모양의 신경세포가 기능한다. 어린 시절 방임이나 스트레스를 받고 외상을 겪게 되면 전대상회에 방추세포의 발달이나 조직화에 부정적 영향을 주어 평생 동안 지속되는 인지적 결함을 초래할 수 있다.

전대상회(앞쪽띠다발)는 다양한 정보의 흐름을 연결하고 조절하기 위해 방추 모양의 신경세포를 가지고 있다. 이 세포는 자기조절의 발달과 어려운 문제에 지속적인 관심을 둘 수 있는 능력 모두에 필요한 신경적 연결성을 제공해준다. 이런 구조물이 잘 형성되고 건강해야 제대로 기능이 이루어지는 반면, 반대의 경우는 감정적인 기능에도 부정적인 영향을 줄 수 있다. 왜냐하면 대상회는 인지와 정서를 접속하는 역할을 하기 때문이다. 뇌섬엽(Insula)은 전두엽과 측두엽을 나누는 틈 안쪽에 있는 뇌 부분이다. 때때로 뇌섬엽은 변연통합피질이라고도 불리는데, 이는 모든 변연구조물과 연결되어 있고, 전두엽, 두정엽 및 측두엽과 연결되어 있기 때문이다.

또한 뇌는 감정 및 행동과도 연결된다. 뇌섬엽은 전대상회와 협력하여 우리 신체 내부에서 어떤 일이 일어나는가를 우리가 알게 해주며, 이것을 우리의 감정적 경험에 반영시킨다.

우측 뇌섬엽이 손상되면 신체 왼쪽에 심한 마비가 오는데, 이때 당황하지 않는 질병 인식 불능증을 초래한다. 최근의 연구에서 뇌섬엽은 혐오감에서 사랑에 이르기까지 전체적인 감정을 중재하는 데 관여하는 것으로 알려져 있다.

편도는 사회적인 뇌의 핵심이다

편도는 정서 센터로, 희로애락 등 모든 정서가 이곳에서 유발된다. 안와 내측 전전두피질(Ompfc)과 협력하여 작용하고 있는 뇌피질하 편도가 있는데 이는 사회적 뇌의 또 다른 핵심적 구성 요소이다.

편도는 임신 8개월에 고도로 성숙하며, 이런 성숙으로 인해 출생 전의 자극에 대한 두려움 반응이 가능하다. 또한 공포의 센터로서 중심적 역할을 하며 기억이나 감정 조절, 유대관계 및 애착의 과정에 필수적인 기능을 한다.

편도는 원초적인 판단기준으로 안전과 위험의 신호를 감시하며 자율신경계를 통해 도피·투쟁·반응을 중재한다. 편도는 대인관계의 경험을 통해 배운 것에 대한 평가를 관장한다. 그리고 반사적으로 과거의 경험을 기초로 다른 사람을 평가한다. 그래서 어린 시절의 학습이 현재의 경험에 영향을 미치게 된다.

우리는 다른 사람을 평가하는 일련의 감정을 촉발시킨다. 이와 반대로 첫눈에 반하는 것은 다른 사람에게 투사되는 감정적인 기억에 의해서 일련의 긍정적인 편견이 촉발되는 것이다.

안와 내측 전전두피질은 의식적인 인식과 환경을 기초로 하여 편도를 억제할 수 있다. 마찬가지로 우리가 겁을 먹고 편도가 활성화되었을 때, 편도는 안와 내측 전전두피질을 억제하여, 논리적이고, 합리적이며, 우리의 생각을 통제하는 데 어려움을 느끼게 할 수 있다.

또 편도는 우리의 감정적 고통과 신체적 고통에 대한 의식적인 경험에도 관여하고 있는 것으로 보인다. 안와 내측 전전두피질과 편도를 연결하는 신경망은 경험에 의해 형성되기 때문에 무엇이 안전하고 위험한지에 대해 우리의 학습의 역사는 애착도식과 함께 이 체계 내에 암호화되어 저장되는 것으로 추측한다.

해마는 뇌의 양쪽에 있으며 피질과 변연계가 만나는 부분에 위치하고 있다. 두정엽은 해마로부터 진화되었으며 복잡한 시공간 처리 과정에 도움을 준다. 또한 주변에 있는 구조물과 함께 공간적, 시간적 그리고 감정적 학습 및 기억의 조직화에 특수화되어 있다.

편도는 태어날 때 이미 완전히 발달된다. 반면에 대뇌변연계 상부는 발달하는 데 시간이 많이 걸린다. 따라서 감정을 통제하고 평가하는 일은 비로소 만 5~6세가 되어야 시작된다.

편도와 대조적으로 해마는 나중에 발달하며 초기 성인기까지 계속 발달한다(Benes, 1987). 소아기 기억상실이라고 알려져 있는 어린 시절을 기억하지 못하는 현상은 해마의 이러한 느린 발달 과정 때문이다.

시상하부는 작고 오래된 구조물로 시상 밑의 뇌 중심부에 있으며, 피질과 뇌간의 중간에 위치하고 있다. 이것은 전두엽, 변연 계통 및 뇌간 내에 있는 사회적 뇌의 구조물과 광범위하게 연결되어 있다. 시상하부와 뇌간은 자율신경의 뿌리이다.

시상하부를 사회적 뇌의 한 부분으로 여기는 것은 이 부위가 의식적 경험을 신체적인 처리과정으로 변환하는 데 중심적인 역할을 하고, 따라서 어린 시절의 경험을 뇌와 신체의 형성에 전달해주기 때문이다. 시상하부가 지닌 다양한 핵은 온도조절, 배고픔, 목마름, 피로, 수면 및 활동 정도가 같은 신체적 기능을 조직화한다.

시상하부는 성적 행동과 공격성의 조절에도 관여한다. 시상하부는 HPA 축의 제일 위에 있으면서 뇌의 처리과정을 앞쪽 뇌하수체에서 여러 가지 호르몬을 분비하게 한다.

뇌하수체에서 생신되는 호르본 숭에 난포자극 호르몬(FSH)과 프로락틴(Prolactin)은 생식과 수유에 관여하며 부신피질자극호르몬(ACTH)을 분비케 하고 부신에서는 코르티졸 호르몬을 방출하게 된다.

두정엽의 앞쪽에 위치하고 있는 신체감각피질(Somatosensory Cortex)은 신체경험에 대한 정보를 처리하는데, 이는 뇌섬엽 및 전대상회와 함께 접촉, 온도, 통증, 관절의 위치 및 내장의 상태에 대한 경험을 처리하고 조직화하는 신체에 대한 다양한 표상을 가지고 있다.

우리의 경험과 연관된 암묵기억을 활성화시킴으로써 우리의 직감 또한 육감이라고 부르는 것에 관여하며 감정적인 결정을 내리는 데 도움을 준다. 우리 신체에 대한 경험은 다른 사람에 대한 이해와 공감에 대한 모델이 된다.

측두엽(관자엽)은 친숙한 얼굴 표정을 인식하고 다른 사람의 음조나 억양을 정확하게 이해하고 리듬이나 음악 감상 그리고 시각적 학습, 청각적 학습에 관여한다. 시각적 정보(후두엽)로부터 얻어진 기본을 근거에 의해서 사회적 판단과 복합적인 지각을 하게 된다.

측두엽에 거울신경세포가 있어서 지각 및 동작과 연관된 신경망에 연결되어 시각적 경험과 운동적 경험을 결합시켜 관찰되는 사람과 관찰자를 연결시킨다. 거울신경체계에 기초를 둔 공명 행동은 우리가 다른 사람과 상호작용할 때, 사람이 경험하는 것에 대한 감각적 - 감정적 경험을 제공해 주어 우리가 다른 사람을 멀리에서 알아볼 수 있게 해준다.

뇌는 긍정적이든 부정적이든 어린 시절의 경험을 프로그래밍한다. 어린 시절에 뇌 구조물이 잘 형성되고 건강해야 어른이 되어서도 뇌가 제대로 건강하게 기능한다.

뇌는 애착을 통해 시작된다

아이는 태어나기 전부터 엄마와 복합적이고 상호적 관계를 이룬다. 엄마와 아이의 의사소통은 소리와 움직임, 접촉을 통해 이루어지며 이들이 공유하고 있는 생화학적인 상태를 통해서 아이는 엄마의 마음과 몸의 상태를 알게 된다.

신생아는 원초적 반사행동을 통해 애착형성

피질에 의해 조직화되는 사회적 신경망이 형성되기도 전에, 우리는 보다 정교한 형태의 애착행동을 비약적으로 시작하고 자극하는 일련의 원초적인 반사행동을 지니고 있다.

출생 후 몇 시간 내에 신생아는 어른을 흉내 내는 행동을 하는데, 자신의 입을 열어 혀를 내밀며, 36시간이 지난 후에는 행복한, 슬픈, 그리고 놀란 얼굴 표정을 구별할 수 있게 된다. 행복한 얼굴을 보면 신생아의 입술이 길어지고, 슬픈 표정을 보면 입술을 삐죽거리며, 놀란 표정을 보면 입을 넓게 벌리는 동작을 한다.

신생아는 행복한 얼굴과 슬픈 얼굴에 대해서는 일차적으로 입을 바라보는 반면에 놀란 표정에 대해서는 눈과 입을 번갈아 가면서 보는 행동을 한다. 이것은 신생아가 자신에게 보여지는 정보의 종류에 기초하여 서로 다른 시각적 목표를 식별할 수 있다는 것을 보여주는 것이다.

신생아는 20개 이상의 불수적 반사가 있는데, 이 반사는 신체적 연결을 만들어줄 뿐만 아니라 신생아가 의지할 성인과의 감정적인 교류를 할 수 있도록 만들어주는 이중적인 기능을 제공해준다.

부모 목소리와 말투, 운율은 중요한 역할을 한다. 엄마는 출산 후 반사적으로 아기를 안아주는데, 이것은 피부접촉을 극대화시키며 아기의 시상하부가 온도를 조절할 수 있도록 도와준다.

신생아는 엄마와 눈을 맞추면서 자신들의 심장과 뇌를 연결시키고, 엄마의 젖을 먹음으로써 음식이 곧 사랑이라는 것을 알아가며 평생을 지속하는 영양적 양육과 감정적 양육 사이의 관계(음식은 사랑과 같음)를 만들어간다.

엄마가 아이를 안아주고 만지며 젖을 먹이는 것, 그리고 떨어졌다(분리) 다시 만났을 때의 즐거움 등에 동반된 따뜻하고 행복한 느낌은 모두 다양한 원초적인 신경화학물질을 통해 자극을 받아 이루어지고, 이런 과정은 유대와 애착을 더 견고하게 해준다.

엄마와 아이의 상호관계를 통해 옥시토신, 프로락틴, 엔도르핀 그리고 도파민의 분비를 자극하게 되고, 결과적으로 따뜻하고 긍정적이며 보상을 받는 느낌을 유발한다. 이러한 생물화학적인 과정은 애착 회로를 형성하면서 신경의 활성화는 물론 뇌의 구조적인 성숙을 자극한다.

사랑하는 사람이 대수롭지 않은 상처에 키스해 줄 때, 실제로 덜 아프다고 느낄 수 있는데, 이는 내인성 엔도로핀이 분비된 덕택이다. 엔도르핀은 자연적인 진통제로서 행복한 느낌과 좋은 기분을 유발하는 아편제이다.

엄마가 자녀를 사랑할 때 아편제는 강력한 보상을 주며, 삶의 초기부터 우리의 선호도를 형성하는 역할을 한다. 또한 엄마와 아기의 아편제의 활성화는 애착과정을 촉진시키고 조절한다.

서로 만지고 스킨십을 하면 엔도르핀의 수치는 둘 모두에게 증가한다. 서로 눈 맞춤을 해주는 것은 대사활동과 신경성장을 촉진하는 반면, 반사적으로 웃는 것은 양육자의 긍정적인 느낌과 표현을 일으켜서 신생아의 뇌를 더 자극시키게 된다.

아이는 엄마의 느낌과 행동, 몸짓, 소리 등을 통해 세상의 기본적인 안정성 또는 위험성을 엄마로부터 배운다. 생후 1년 동안의 이러한 원형적 대화는 대인관계의 발판을 이루고 감정적 발판으로 작용하게 한다. 우측 대뇌반구의 급속 성장은 생후 2년 안에 일어나는데, 언어의 감정적 요소가 발달하기 위한 신경적 기질을 제공해 준다.

눈을 통해 유대관계와 의사소통을 하며 애착형성

눈을 통해 안전함과 위험성을 결정한다. 눈은 유대와 사회적 의사소통에 중요한 역할을 한다. 누군가가 우리를 바라보고 있다는 인식은 심장박동수를 증가시키고 편도의 활성도를 증가시켜준다.

눈은 우리에게 발생 가능한 위협에 대한 사회적인 의사소통으로써 작용한다. 사랑에 빠진 사람은 서로가 눈을 끊임없이 바라보면서 행복감을 지속적으로 충전한다.

신생아기에 아이와 양육자가 서로 눈을 바라보는 것은 뇌의 성장과 조직을 증진시키는 일차적 기전이 된다. 걸음마기에 있는 아이는 주변

환경을 탐색하면서 규칙적으로 자신의 부모의 얼굴 표정을 확인해 부모가 놀란 표정을 보이면 아이는 더 이상 탐색이 줄어 들게 된다. 걸음마기 아이의 활동을 격려하거나 억제하는 이런 눈과 얼굴 표정의 사용은 '사회적 참조하기'라 불린다.

얼굴을 인식하고 표정을 읽음으로 애착형성

얼굴 표정은 사회적 정보의 초점이 된다. 얼굴을 인식하는 데는 양쪽 대뇌반구가 관여하지만 이 기능은 오른쪽 대뇌반구가 가진 시공간 기전과 전체적인 정보처리 전략에 가장 적합한 기능이다.

측두엽 피질은 복잡한 인식작업에 그 능력을 사용하는(얼굴모양에 대한 수 없이 많은 조합) 반면에, 편도와 안와 내측 전전두피질(Ompfc)은 사회적인 정보를 처리하는 데 감정적인 요소를 첨가해준다. 이러한 부분들이 함께 작용하여 우리가 친근한 얼굴에는 다가가게 하고, 적대적 가능성이 있는 얼굴은 경계하게 만든다.

측두엽은 다른 사람들과 관계를 하는 데 필수적인 얼굴을 인식하는 신경세포를 가지고 있다. 우리는 자폐증이나 아스퍼거스증후군은 모두 다른 사람과 관계를 맺는 능력에 심각한 결함을 가지고 있는 병이다.

자폐증은 정상적으로 물체를 처리하는 데 사용되는 우측 측두엽 부분이 얼굴을 처리하는 데 사용되는 것으로 입증되었다.(Schaltz et al, 2000)

애착형성은 거울신경세포를 통해 학습과 공감의 기초가 된다

뇌의 사회적 연접은 거울신경세포를 통해 이루어지는데, 이 거울신경세포의 발견으로 학습과 의사소통에 영향을 미친다는 사실을 알게 되었다.

거울신경세포는 언어학습, 다른 사람의 얼굴표정, 몸짓 그리고 자세가 관찰자의 신경회로를 활성화시키며 이것이 공감의 기초가 된다. 슬퍼서 울고 있는 아이를 보는 것은 우리로 하여금 반사적으로 눈살을 찌푸리게 만들고, 고개를 돌리며 "아~" 하는 탄식을 하며 똑같이 슬픈 느낌을 받는다.

운동선수가 고개를 높이 들고 가슴을 펴고 경기장에 들어오는 모습을 보면 우리로 하여금 힘이 넘치는 자신감을 느낄 수 있도록 해준다. 이것은 거울신경세포를 통해 서로 이해하도록 도와주고 공감적 조율을 이루어가는 것이다.

거울신경세포의 회로와 연결되어 있는 내적 감정은 외부로 표출된 몸짓, 자세, 목소리 높이 및 의사소통이 다른 실제적인 측면에 의해 활성화된다. 거울신경세포를 통해 대인관계를 발전시키고, 다른 사람과 조율하며 아이가 건강하고 균형 잡힌 자기감을 형성하도록 도와주는 능력이며 사회적 뇌의 발달을 촉진시켜 주는 것이다.

어린 시절의 양육은 '사랑'이다. 이 양육은 애착형성을 통해 발전하며 생물학적(수명), 심리학적 과정에 영향을 미치고 사회적인 뇌와 감정적 회로의 형성에 영향을 미친다. 그러나 사회적인 스트레스는 세포의 증식과 신경 가소성을 억제하는 한편, 사회적 지지와 연민, 그리고 친절함은 긍정적인 신경 성장을 도와준다.

뇌가 상호관계하는 하나의 사회적 기관으로 인정받기 시작함에 따라 관계하는 뇌, 즉 사회적인 뇌라는 용어가 자연스레 나오게 되었다.

뇌는 상호관계하는 사회적 기관이다

인간은 대인관계를 통해서 살아가도록 되어 있다. 주변을 보면 늘 표정이 어둡고 사소한 일에도 안절부절 못하고 불안해하는 사람이 있는데 그런 사람은 대개 감정이 불안정하고 스트레스를 조절하는 데 서툴다. 그래서 어느 누구도 그에게 선뜻 다가서려고 하지 않는다.

반대로 능숙하게 자신의 감정을 조절하고 다스릴 줄 아는 사람은 인기가 많은데, 인간관계를 파괴하는 뇌의 기능을 보면 크게 두 가지가 있다.

세로토닌의 신경이 약화될 때 대인관계를 파괴한다

대인관계가 원만한 사람들은 정서가 안정되어 있다. 반듯한 외모에 상냥하고 너그러운 성품을 갖추며 업무능력까지 뛰어나면 더 이상 바랄 것이 없다. 반면 분노를 조절하지 못하는 사람은 어렵게 쌓은 대인관계도 한순간에 무너뜨리고 만다.

분노나 불안에 휩싸이면 뇌의 노르아드레날린 신경이 활성화되어 노르아드레날린이 왕성하게 분비되고 그 결과 화를 억누르지 못해 충동적인 행동을 하게 된다.

세로토닌 신경은 노르아드레날린 신경을 억제하는 기능이 있다. 따라서 세로토닌 신경이 활성화되면 화가 치밀어 오르는 상황에서도 재빨리 평정심을 회복할 수 있다.

그러나 세로토닌 신경이 약하면 감정이나 충동적인 성향을 제대로(충동조절장애) 조절하지 못한다. 예를 들어 비좁은 지하철 안에서 다른 사람과 몸이 부딪히면 불쾌한 기분이 들기 마련이다. 대부분은 참고 넘어가지만 세로토닌 신경이 약해지면 사소한 불쾌함조차 다스리지 못해 번번이 화를 내거나 공격적인 행동을 하게 된다. 화를 참지 못하는 것은 반항기 청소년에게만 해당하는 문제가 아니고 어른들도 마찬가지이다.

타인과의 의사소통 과정에서 세로토닌 신경이 약화될 때 곧바로 상대에게 불같이 화를 내는 것은 일종의 충동적 분노인데, 약해진 세로토닌 신경이 노르아드레날린 신경을 제대로 억제하지 못해 이에 대한 반응을 적절히 조절할 수 없어서 일어나는 현상이다.

충동적 분노는 타인에게 공격(외부 타인 공격)적인 행동(70% 이상이 좌측 측두엽 비정상)으로 표출되지만 그것이 만약 자신을 향해 폭발하면 자살이라는 극단적인 형태로 나타날 수 있다. 자살은 좌측 측두엽의 기능이 62%의 장애가 생기면 나타난다.

스트레스 호르몬이 분비될 때 대인관계를 파괴한다

화가 나거나 스트레스를 받을 때 사람들은 흔히 "아드레날린이 나온다."고 말한다. 아드레날린(에피네프린)은 스트레스 호르몬의 하나로 부신수질에서 분비된다. 또다른 스트레스 호르몬인 코르티솔은 부신피질에서 나온다.

부신수질은 교감신경과 연결되어 있다. 교감신경이 자극을 받으면 부신수질에서 아드레날린이 나와 혈액을 순환시킨다. 분노나 불안 같은 강한 스트레스에 대한 초기 반응으로 나타나고 노르아드레날린은 교감신경계의 신경전달물질로서 뇌의 '청반핵'에 있는 노르아드레날린 신경에서 나온다. 부신수질에서 아드레날린이 분비되면 그와 동시에 뇌에서 노르아드레날린이 나온다. 아드레날린이 분비되면 운동기관으로 공급되는 혈액이 늘어나 혈압이 상승되고 가스 교환 효율을 높이기 위해 호흡이 빠르고 거칠어진다. 또 뇌 기능이 활성화될 때 일어나는 반응으로 동공이 커지고 흥분상태가 나타난다.

노르아드레날린은 뇌에서 내리는 명령으로, 직접 교감신경을 작동시켜 아드레날린과 마찬가지의 기능을 한다. 노르아드레날린이나 아드레날린은 모두 위험한 상황에서 제 몸을 지키려고 할 때, 도망갈 것인지 그냥 있을 것인지에 대한 반응을 일으키는 역할을 한다. 그래서 지금도 인간은 분노나 공포에 사로잡히면 얼굴이 빨개지고 심장이 쿵쾅거리며 화가 치밀어 오르는데 심해지면 상대를 공격하기도 한다.

인간관계를 파괴하는 사람들은 공통적으로 '충동적 분노' 성향이 있다. 이는 약해진 세로토닌 신경이 노르아드레날린 신경을 제대로 억제하지 못해서 생긴 현상이다. 결론은 원만한 대인관계의 열쇠도 세로토닌이 쥐고 있다는 것이다. 화가 나면 자기 자신이 Stop('그만')하고 잠시 생각하는 습관을 갖는 것도 좋은 방법이며, 운동을 하거나 긍정적인 생각을 하는 것도 좋다.

반응성 애착장애의 뇌는 말한다

반응성 애착장애란 태어난 지 9개월에서 5세 미만에, 양육자로부터 적절한 보살핌을 받지 못해 사회적 유대관계를 형성하는 능력이 결여된 장애를 말한다.

과거 이런 아이들에게 나타나서 성장부진, 의존성 우울증, 시설증 등으로 불렸던 것인데, 1980년에 처음으로 미국정신의학회(DSM-III)에서 반응성 애착장애(RAD)로 진단 명칭이 소개되었다. 그러다가 DSM-III-R에서는 '억제된' 아형과 '탈억제된' 아형, 두 가지를 처음 도입하여 DSM-IV와 DSM-IV-TR에 이르렀다.

그런데 DSM-5(APA, 2013)에 이르러서는 '외상 및 스트레스 관련장애'라는 코드에 반응성 애착장애와 탈 억제사회관여장애를 별도로 분리시켜서 새롭게 분류하여, 외상이나 스트레스를 주는 사건의 노출을 진단기준으로 명시하고 있는 장애 속에 이 두 가지를 포함시키고 있다.

어릴 때 적절한 돌봄을 받지 못하는 사회적 방임은, 외상 및 스트레스 관련장애에 속하는 병이라는 사실이다. 이처럼 두 장애가 동일한 병인을 공유하지만 반응성 애착장애는 우울증상과 위축행동이 나타나는 내재화장애로 표현되며, 탈 억제사회관여장애는 탈억제와 외현화 행동으로 특징지어진다는 점이 서로 다르다.

반응성 애착장애의 특징은 억제된 애착행동 및 발달단계상 부적절한 애착행동 패턴이 두드러지게 나타난다. 이런 아동은 애착 대상으로부터 위안과 지지, 보호와 돌봄 등을 받으려하지 않거나 받으려는 관심이 적다. 보호자와 아동 사이의 결핍된 애착관계 또는 거의 발달되지 못한 애착관계가 반응성 애착장애의 증상이다.

초기 발달단계에서는 애착의 기회가 한정되기 때문에 선별적으로 애착의 행동적 징후가 잘 나타나지 않아, 양육자가 제대로 인식하지 못해서 그 결과 아이는 고통을 받아도 보호자로부터 어떤 돌봄이나 보호를 못 느끼게 되는 것이다.

따라서 반응성 애착장애 아동은 보호자와 일상적인 상호작용 중에 긍정적인 감정을 표현하지 않거나 거의 드물게 표현한다. 이에 대해 감정조절능력이 제 기능을 하지 못하고 쉽게 설명할 수 없는 공포, 슬픔, 과민함 등 부정적 감정의 증상이 나타난다.

또는 안정적 애착을 형성할 기회를 제한시키는 주 양육자의 잦은 변경도 반응성 애착장애를 만든다. 미국 소아과 학회에서는 2살 미만에 주 양육자를 두 번 이상 바꾸지 말라고 권유하는 것이 바로 이 때문이다. 그리고 양육자가 장기간 입원을 하거나 아이가 친척집에 맡겨지거나 시설 같은 곳에서 양육되는 경우에도 반응성 애착장애가 발생된다.

어떤 미혼모가 12개월 된 아이를 아동보호소에 맡기고 가출해 버렸다. 이 아이는 충분한 돌봄을 받지 못한 채 시설에서 3개월을 지내다가 15개월 때 입양되었다. 그런데 이 아이는 양부모와 함께 생활하면서도 집안에서 특별히 누구를 따르지도 않고 누구와도 반응하지 않으며, 애정을 추구하거나 보살핌을 받으려고도 하지 않았다. 이와 같은 정서위축형, 애착부재장애를 반응성 애착장애의 증상으로 본다.

이처럼 반응성 애착장애는 병적인 양육이나 결핍된 사회적 방임 또는 박탈에서 오는 불충분한 양육에 의해 발생되므로 사회적 관계를 맺기 어렵게 된다. 그리고 성장 부진으로 인해 저체중, 작은 키, 불량한 청결상태를 보이며 환경에도 무감각해진다. 따라서 이 아이들의 욕구를 무조건 무시하거나 함부로 체벌해서는 안된다.

또 하나의 반응성 애착장애로는 탈 억제형이 있는데, DSM-5에서는 독립된 병으로 분리시킨 탈 억제사회관여장애라는 병이다. 억제형(inhibited type)과는 정반대의 행동을 보이는데, 애착행동이 무분별하게 과잉으로 나타나 낯선 사람에게 극도로 친밀감을 보이다가 헤어질 때는 별다른 감정이 없다는 게 특징이다.

45개월 된 남자아이인데 반항적이고 공격적인 행동 때문에 상담 받으러 왔다. 이 아이는 10개월 때 엄마와 헤어져 6번이나 다른 부모에게 입양되었으며, 한 가정에서 가장 오래 양육된 기간이 고작 8개월 정도였다. 아이는 양부모의 말을 따르지 않고 백화점이나 식당에서 아무나 따라가려 해 억지로 데리고 나오기도 했으며 한 번 울면 쉽게 멈추질 않았다. 이 아이는 상담실에 들어 온 지 얼마 지나지 않아 양모가 있던 없던 개의치 않고 낯선 상담자의 무릎에 앉아 옷을 잡아당기고 머리를 만지고 넥타이와 안경도 만지는 등 친밀한 행동을 보이다가 헤어질 때는 아무런 느낌 없이 그냥 가버렸다.

이처럼 탈 억제사회관여장애는 어른에게 쉽게 가까이 하며 지나치게 친근한 언어와 행동을 보이고, 생소한 환경에서 보호자가 자신을 두고 멀리 가려고 할 때도 화를 내거나 경계하는 행동이 적으며, 주저함 없이 생소한 사람을 따라가는 행동을 보이는 특징을 지니고 있다.

아이를 양육하는 데 무관심이나 방임은 애착 외상이 되어 외상 및 스트레스 관련 장애의 하나인 반응성 애착장애나 탈 억제사회관여장애가 될 수 있다. 양육자의 섬세한 반응이 안정 애착의 필수 요소이다. 따라서 양육자를 자주 바꾸는 일은 병적 애착을 만들어냄을 인지하도록 한다.

간혹 엄마가 인터넷 게임에 빠져서 아이를 방임하는 사례들이 발생하는데, 아이는 반응하면서 성장하므로, 어린 시절의 안정적인 애착을 위해 양육자는 정신건강을 증진시키는 일에 신경 쓰는 것이 무엇보다도 중요하다.

반사회적 뇌는 말한다

어떤 아이들은 놀이를 할 때 속임수를 쓰고 거짓말을 하며, 게임을 할 때도 속임수를 쓰면서 너무 거칠게 놀아, 가정과 학교에서 문제를 일으키는 아이들이 있다. 이들은 규칙을 어기고 어른들에게 사사건건 대들며 긍정적인 관계에 참여하지 못한다. 이런 아동을 둔 부모를 보면 부모들이 집에서 자식을 잘못 키워서 아이들에게 문제가 생겼다고 생각하기 쉽다. 안타깝게도 종종 그런 부모들이 있으며, 실제로 난폭하거나 자녀들을 다 큰 어른처럼 방치하기도 한다.

말썽꾸러기였던 대부분의 아이들은 점차 훌륭한 성인으로 자라지만 어떤 아이들은 성인이 되어서도 계속 파괴적인 삶을 산다. 이런 사람들은 아동기와 청소년기 때 비행에 빠지기도 하고 품행장애나 적대적 반항장애라는 진단을 받기도 한다. 성인이 되었을 때 이들은 사이코패스나 소시오패스 혹은 반사회적 성격장애자라는 진단을 받을 수 있다. 병명과 상관없이 반사회적 행동은 실제로 존재하며 사회는 이러한 행동 때문에 많은 비용을 치른다.

정신적으로 건강한 사람은 타인의 욕구를 알아차리고 그 욕구를 존중하며 사회적 규범에 동조하여 규칙을 지키면서 산다. 사람은 자신의 욕구를 타인의 욕구보다 더 중시하지만 때로는 최대 다수의 최대 행복을 위해 협상한다.

반사회적 성격장애

진단명으로서의 반사회적 성격장애에는 살인자, 범죄자, 일탈자 등이 있다. 이 중에는 정서적, 사회경제적, 정치적 이유 때문에 범죄 행위를 하고 트라우마를 입어 반사회적 성격이라는 편견의 희생자가 된 사람도 있다. 반사회적 성격이라는 명칭이 비과학적이라는 이유로 최근 이 진단명을 좀 더 명료하게 정의하려는 시도가 있었다. 반사회적인 사람의 행동과 태도에는 다음과 같은 특징이 있다.

- 위법적인 행동을 반복한다(사회 규범, 법, 혹은 직무 규정을 지키지 못한다).

- 자신의 이익이나 쾌락을 위해 남을 속인 적이 있다(속임수를 쓴다 / 사기를 친다).
- 임기응변에 능하고 미래보다 현재에 만족하면 된다고 생각한다(미래를 예측하지 못하고 충동적으로 행동한다).
- 말보다 손이 먼저 나가거나 폭력을 행사한다(공격적이고 분노를 폭발한다).
- 위협을 신경 쓰거나 목숨을 두려워하지 않는다.
- 일을 금방 그만두거나 빚을 갚지 않는다.
- 약자를 괴롭히는 데 약간의 쾌감을 느낀다. (3개 이상 시 진단)

반사회적 행동은 복합적인 현상이지만 감정을 조절하지 못하고 충동적이며 타인의 경험을 이해하지 못하는 공통점이 있다. 많은 반사회자는 어린 시절에 반사회자처럼 보이는 부모에게 종종 학대를 당하거나 방치된 채 자랐다. 부모의 거절과 학대로 인한 신경의 부정적인 발달과 유전적 소인 중에서 어느 것이 반사회적 성격에 더 큰 영향을 주는지는 아직 밝혀지지 않았다. 그러나 천성과 양육이 함께 반사회자를 만드는 것만은 확실하다.

가정과 문화에 산재하는 많은 요인이 반사회적인 행동과 악마를 만든다. 비즈니스 학위를 받은 고상한 반사회자는 수백만 달러를 빼돌려 외국 은행에 예치하고 이를 인지할 수 있는 사람에게 뇌물을 준다. 반면에 감옥에 있는 사람들은 소수민족이거나 사회경제적 하류층인 경향이 있다. 많은 돈과 높은 학력이 반사회적 성격을 예방하지는 못한다. 반사회자를 연구한 아드리안 레인(Adrian Raine)에 의하면, 감옥 보다 임시직 구직 센터에 반사회자가 더 많다고 한다.

반사회적 성격장애자의 증상을 연구한 신경과학자들은 종종 내측 안와전전두피질(OMPFC)에서 결함을 발견한다. 그러나 전두엽의 구조물 중 어디에 결함이 있느냐에 따라 다양한 반사회적 증상이 나타난다. OMPFC 손상은 대체로 반사회적 문제와 상관관계가 있으나 물리적 공격성은 종종 등외측전전두영역의 손상에서 기인한다. 반면에 기소된 살인자는 전전두피질의 내측과 외측의 당 대사율이 낮다.

반사회적 장애에 대한 연구는 아직 걸음마 단계이며, 반사회자의 많은 역기능은 뇌의 다양한 시스템에서 발달과 통합이 미흡하게 이뤄져 부적절하게 기능함으로 발생한다.

반사회자는 자율신경계의 각성 수준이 낮다

일반적으로 반사회자의 불안은 다른 사람과 차이가 없지만 자율신경계 각성 패턴이 독특하다. 낮은 각성이 반사회자의 뿌리라고 보는 사람들은, 반사회자는 처벌 단서에 대한 생리적 반응이 약하기 때문에 경험을 통해 교훈을 얻거나 친사회적인 방식으로 행동하지 못했다고 주장한다. 반사회자는 일반적인 혐오 자극에 별 반응을 보이지 않는다.

반사회자는 거울신경 네트워크에 결함이 있는 사람이다

연구에 따르면 반사회자는 각성뿐만 아니라 거울과 공명 네트워크에도 결함이 있다. 기능성 뇌 영상기법(fMRI)으로 반사회자의 뇌를 스캔한 연구는 비사이코패스 범죄자보다 반사회자의 사회적 뇌에서 변연계 영역(편도체, 해마, 복측 줄무늬체, 띠피질이 포함된다)이 정서적 자극에 약하게 발화하는 것을 발견하였다. 또한 반사회자의 뇌를 스캔한 또 다른 연구는 시각적 자극 혹은 언어적 자극에 대한 습관화 과제를 수행하는 동안 편도체와 외측 전두영역이 약하게 발화하는 것을 발견하였다.

반사회자는 갑작스런 큰 소음 같은 간단한 무조건 자극에 정상적으로 반응하지만 얼굴과 감정 같은 사회적 자극에 자율신경계가 비정상적으로 약하게 반응한다. 대부분의 사람들은 얼굴 사진을 보면, 안와전두피질, 섬피질, 전대상회, 편도체 같은 사회적 뇌가 발화한다. 이 회로는 타인의 얼굴과 표정을 인식하고 시선을 모니터링 하는 일에 관여한다.

이와 달리 반사회자는 얼굴을 보았을 때 편도체에만 피상적으로 반응하고 두려워하는 얼굴을 잘 인식하지 못한다. 이들에게 시각적, 언어적 결함이 없다면 이들의 이런 문제는 사회적 정보를 처리하는 회로에서 결함이 발생한 것이다.

반사회자는 공감 능력이 결여된다

많은 연구자는 반사회적 성격장애의 일차적 원인을 공감의 결여로 본다. 공감적 사고는 자신의 감정에 대한 인식, 상황을 한 걸음 뒤로 물러서서 보는 인지적 융통성과 정서 조절력, 자신의 욕구를 잠시 뒤로 미루고 타인의 감정을 생각해 보는 능력이 필요하다.

공감에는 개념 이해, 감정 조율, 정서 조절이 필요하기 때문에 등외측 전전두피질이나 안와전두피질이 손상되면 공감의 다양한 측면이 손상된다. 생애 초기에 안와전두피질이 손상되면 사회적 도덕적 규범에 대한 지식을 습득할 수 없기 때문에 행동적 결함이 나타날 수 있다. 실제로 생의 어느 시점이라도 전전두피질이 전반적으로 손상되면 공감 능력을 상실할 수 있다.

표정을 읽지 못하는 것이 반사회적 증상의 핵심이다. 반사회적 경향이 있는 아동은 타인의 얼굴에서 두려움과 슬픔을 인식하거나 이해하는 데 어려움이 있다. 타인의 표정을 읽을 수 있어야 타인의 감정 상태에 대한 마음이론이 발달한다. 표정을 읽을 수 있으려면 시각처리 시스템이 적절하게 기능해야 하며, 이 시스템과 협력하는 편도체와 OMPFC도 적절하게 기능해야 한다.

심리적 외상으로 OMPFC 혹은 우측 뒤쪽 전두엽이 손상된 환자들은 정서적 공명이 손상되고 등외측 전전두피질이 손상된 환자들은 공감할 때 필요한 인지적 융통성이 손상되었다. 반사회자에게도 타인에 대한 마음이론이 있으나 이들 마음이론은 사람과 연결되기 위해서가 아니라 자신의 목적을 위해 사용한다. 이들은 공감을 할 수 없기 때문에 타인을 사물로 생각하고 자신의 욕구를 위해 타인을 이용한다. '피도 눈물도 없는 살인마'라는 말에 감정적으로 동요하지 않는다.

전선누피질(OMPFC)의 손상

전두엽은 다른 사회적 뇌와 함께 타인의 마음과 감정을 만든다. 전두엽은 사람들과의 상호작용을 조절하고 안내한다. 반사회적 성격자의 사회정서적, 비정상성은 전두변연계 회로의 미발달이나 역기능과 관련이 있다. 반사회성, 비행, 폭력에 관한 연구는 파괴적 행동을 뇌 기능과 연관 지어서 설명한다. 비행청소년은 전두엽 발달이 늦고 폭력적인 정신질환자는 비폭력적인 정신질환자보다 내측 측두엽과 전전두피질 영역의 당 대사율이 낮다.

성인 반사회자에 대한 연구에서 전두엽과 해마의 신경세포체의 수가 적다는 결과가 나왔다. 이것은 발달과정에서 뇌세포가 충분히 성장하지 않았거나 너무 많이 제거된 것을 의미한다. 폭력적인 범죄자 혹은 충동적이고 순간적으로 폭력을 휘두르고 스릴을 즐기는 범죄자들은 전두엽 시스템의 핵심 신경전달물질인 세로토닌의 수치가 낮다. 살인자는 내측과 외측 전두엽의 당 대사율도 낮았다.

자기와 타인을 동시에 생각할 줄 아는 능력은 대인관계 전략과 의사결정에 필수적이다. 이 능력은 건강하게 발달한 전전두피질에서 나온다. 도덕적인 추론을 할 때, 전전두피질과 대부분의 사회적 뇌가 같이 활성화된다. 등외측 전두피질과 안와전두피질은 인접한 영역이지만 연결, 구조, 생화학 및 기능이 서로 다르다.

인간에게 처음으로 진화된 안와전두피질은 우반구에 편향된 집행기능을 수행한다. 등외측 전전두피질 영역은 문제해결력과 주의지속력에 전문화된 영역이다. 반사회자에 관한 많은 연구에서 등외측 전두피질은 온전하나 OMPFC가 손상된 것을 발견하였다. 간헐적으로 분노를 폭발하는 환자들과 OMPFC가 손상된 사람에게서 같은 검사 결과가 나오기도 하였다.

내측 안와전두피질 혹은 등외측 전두피질이 손상된 사람들은 표정을 인식하고, 게임에서 이기고, 냄새를 알아맞히는 등의 과제를 어려워하였다. 이 두 집단은 반응을 억제하지 못하여 게임에서 돈을 잃었으며, 타인에게서 나오는 유용하지만 미묘한 단서를 토대로 자신의 행동을 조절하지 못하였다.

또한 농담의 의미를 이해할 때도 OMPFC가 필요하다. 전두엽, 특히 우측 전두엽이 손상되면 종종 농담을 이해하지 못한다. 농담을 알아듣기 위해 농담의 겉과 속을 이해해야 하며 보상계가 그 농담을 즐거움으로 인식해야 한다. 정서 과정과 인지 과정이 만나는 OMPFC는 농담을 이해하는 영역 중 하나이다. 유머는 사회적 기능에 매우 중요하다. 사람은 웃고 웃기는 것을 좋아한다.

반사회자는 유머 감각이 부족하고 이들은 별로 웃을 일이 없다. 이들은 또한 정서적 공명과 공감이 부족하고, 자신의 행동이 타인에게 어떤 영향을 주는지도 모른다.

현재까지의 연구를 토대로 종합하면, 전전두피질은 사회적 시냅스 너머로 타인과 메시지를 교류하고 해석하는 시스템의 주요한 요소이다. 반사회적 성격장애의 원인이 무엇이었든지 간에 그 원인이 발견된다면 거기에는 분명히 전전두피질이 포함될 것이다.

뇌는 노년기의 고독을 말한다

외로움은 어느 시기에나 존재한다. 어린 시절에도, 청소년기에도,

중년기에도, 노년기에도 존재한다. 특히 노년기에는 그 어느 때보다도 더 많은 상실을 직·간접적으로 경험하게 된다. 배우자나 친구들의 상실, 과거에 어른으로서 대우받았던 존경심이 상실되고, 가정이나 사회에서의 역할에 대한 상실도 경험하게 되며, 경제적 육체적 상실은 더 큰 무력화를 일으키게 된다. 그래서 노년기에는 자살률이 가장 높은데 이는 인생에서의 가장 많은 상실을 경험함으로써 외로움이 극치를 이루는 시기이기 때문이다.

외로움이 얼마나 커다란 스트레스가 되는지를 연구한 제임스 린치는 미국의 15~54세에 이르기까지 사람들의 사망신고에 이혼한 사람(특히 독신)의 사망률이 결혼한 사람에 비해 2배 더 높다는 것을 발표한 바 있다.

또한, 주로 사망의 원인이 되는 심장병이나 암, 그리고 각종 사고로 인해 사망하는 확률이 독신과 미망인, 이혼한 사람에게서 훨씬 더 높다는 것이다. 이처럼 외로움은 각종 질병을 초래하여 사망으로 인도하는 지름길이 된다.

사랑에는 아이를 사랑하는 것, 친구를 사랑하는 것, 이성을 사랑하는 것이 있다. 그런데 이러한 사랑의 의미를 뇌의 기능과 연결해 보았더니 그 차이가 대단히 큰 것을 알 수 있다.

재미있는 실험이 있는데, 일본에서 유명한 세계적인 뇌 과학자인 안토니오 다마지오 박사가 발표한 내용이다. 이는 애인의 사진과 아이의 사진을 보았을 때 뇌가 어떻게 활성화되는지를 살펴보았는데, 대부분

애인의 사진을 본 쪽이 더 강하게 활성화되어 있다는 것이다. 그리고 애인의 사진을 보고 활성화된 뇌의 부위는 변연계의 해마이고, 전대상회, 그리고 전두엽이었으며, 아이의 사진을 보았을 때는 오직 전대상회와 전두엽의 기능이 활성화되었다. 전대상회에 스핀돌 뉴런이 있어 행복함을 느끼게 한다.

해마는 변연계의 한 부분으로 사랑하는 감정을 가질 때 이곳에서 뇌신경영양인자(BDNF)가 증가하여 스트레스를 막아주고 우울증이나 각종 질병을 예방하기도 한다. 다른 사람과의 유대관계에도 아주 중요한 역할을 한다.

또 영국의 인지과학자들이 기능적 자기공명영상(fMRI)을 이용하여 사랑에 빠진 애인의 사진을 볼 때와 친구의 사진을 볼 때 사랑의 감정이 얼마나 강하게 일어나는가를 실험했는데, 이때 9점 척도상에서 평정하였다.

그런데 애인에 대한 사랑의 감정에서는 평균 7.46점이었던 반면에 친구에 대해서는 3.2점을 기록하였다. 사랑의 감정을 느낄 때 fMRI 스캔을 해보았더니 전대상회, 내측도 그리고 시상핵과 피각들이 활성화되었다. 그리고 우반구의 후대상회와 편도체, 전전두피질의 일부 활동이 감소하였다.

사랑을 담당하는 뇌의 부위는 어느 한 부위만이 존재하는 것은 결코 아니다. 그보다는 한 기능을 수행하는 데 여러 뇌의 부위들이 관여하는 것이 일반적인 뇌의 원리이며 사랑의 감정을 느끼는 것도 마찬가지이다.

흥미로운 사실은 애인의 사진을 볼 때 뇌의 다른 부위에 비해 편도체의 활동이 감소했는데, 이는 사랑을 할 때 경험하는 부정적 정서가 없었기 때문으로 해석된다. 다른 말로 표현하면 친구의 사진에서 느낄 수 없는 행복감이나 안정감이 편도체의 활동을 수준 이하로 떨어뜨렸다고 보는 것이다.

또 사랑을 할 때 뇌량 주위를 띠 모양으로 둘러싸고 있는 전대상회의 활동이 증가하고 후측 부위의 활동은 감소했다. 이는 사랑의 정서를 주관적으로 느끼는 데 직접 관여하는 뇌의 부위가 대상회임을 보여주는 셈이다. 대상회는 인지기능과 정서기능의 양면성을 가지고 있다.

결론적으로 사랑만이 뇌 기능을 향상시켜 우리 몸을 에너지원으로 만든다는 사실이다. 일찍이 철학자 임마누엘 칸트는 행복의 조건을 말한 바 있다. 그것은 곧 어떤 사람을 사랑할 것과 어떤 일을 가질 것, 그리고 그 일에 대한 소망을 가지는 것이라고 말했다. 이것이야말로 노년기에 가져야 할 필수적인 행복의 조건이 되는 셈이다.

사랑은 인간의 본능이요, 힘의 원천이요, 치유의 첩경이다. 노년기라고 해서 사랑의 감정 자체가 없어지는 것은 결코 아니다. 사랑이야말로 정신건강의 비결이요, 건강한 삶의 원동력이다.

노년기의 외로움, 사랑으로 극복하는 것이 유일한 길이다.

PART 6

성경은 뇌를 말한다

성경 속의 뇌는 말한다

성경은 불안의 뇌를 말한다

성경은 스트레스의 뇌를 말한다

성경은 생체 리듬의 뇌를 말한다

성경은 믿음의 뇌를 말한다

성경은 생각의 뇌를 말한다

성경은 감사의 뇌를 말한다

성경은 가소성의 뇌를 말한다

■ 성경 속의 뇌는 말한다

20세기 초에 이르러 인간의 마음이나 행동의 작용이 뇌와 신경계를 기반으로 이루어지고 있다는 믿음이 확고해짐에 따라 21세기는 뇌 과학에 대한 연구가 여러 분야에서 활발히 진행되고 있다.

오랜 역사를 갖고 있는 심리학은 19세기 이후에 과학적 학문으로 자리 잡아 인간의 마음과 행동을 연구하며 여러 가지 상담과 심리치료를 개발하였고, 더불어 정신의학에서도 커다란 발전을 거듭해 정신장애를 치유해 오고 있다. 뿐만 아니라 지난 반세기 동안 EEG, fMRI, PET, SPECT 등 뇌 영상기법 기술의 진보로 뇌 과학의 괄목할만한 비약적 발전을 보임에 따라 분노할 때, 우울할 때, 강박적일 때 등 뇌 영상을 통해 알 수 있게 되었다.

뇌는 우리의 마음과 행동의 센터이다. 그래서 뇌는 우리 영혼의 하드웨어이다. 우리가 느끼고, 생각하고, 행동하고, 기억하는 것과 다른 사람과의 유대관계, 심지어 우리의 신앙까지도 뇌 기능의 영향을 받는다. 뇌 없는 정신이나 마음은 존재할 수 없다.

뇌가 기본적으로 뉴런이라는 신경세포에 의해 작동한다. 인간은 대략 1천억 개의 뉴런을 가지고 태어나며 뉴런을 지지하는 교세포는 1조 개에 이른다. 하나의 뉴런은 하나의 축색돌기와 10만 개의 수상돌기를 가지고 있다. 수상돌기는 뉴런이 다른 뉴런으로부터 정보를 얻는 주요 통로(배움)이고, 축색돌기는 그 정보를 다른 뉴런에 전달하는 주요 통로(가르침)이다.

하나의 뉴런과 수천 개의 이웃 뉴런들은 뿌리와 줄기, 즉 축색돌기와 수상돌기를 온갖 방향으로 뻗는다. 축색의 끝부분 연접부, 즉 시냅스는 1,000조(혹자는 100조) 개에 이른다. 이 연결들은 우리의 몸과 행동을 이끌고 우리의 생각과 행동은 다시 이러한 신경 패턴을 바꾼다.

시냅스는 뇌세포 사이의 동시 채널이며 뇌가 하는 대부분의 일을 수행한다. 뉴런으로 이루어진 뇌 구조는 우리가 생각하고, 배우고, 보고, 듣고, 느끼고, 분노하며, 의사전달하고, 집중하거나 산만하고, 싸우고, 성공하고, 실패하는 삶의 모든 방식을 결정한다. 뇌 구조에 따라 그 기능은 다양하다. 특히 전전두피질, 전대상회, 변연계, 기저핵, 측두엽, 두정엽, 소뇌의 이해와 기능은 치유에 이르는 중요한 열쇠를 갖고 있다.

마음의 병은 신경전달물질의 불균형에 의해 기인하는데 인간의 뇌 속에는 수많은 신경전달물질이 존재한다. 신경전달물질은 신경세포와 신경세포 간에 서로 정보를 주고 받는 과정에서 꼭 필요한 존재이다. 이 물질의 활동이 뇌의 신경세포에 영향을 미쳐 결국은 인간의 마음이나 기분에 영향을 주게 된다. 그래서 수많은 신경전달물질이 정상 기능을 할 때 우리의 정신이나 마음도 정상적인 상태를 유지할 수 있다.

정서는 뇌의 기능이다

우리가 느끼는 기쁨과 행복, 슬픔과 우울, 사랑과 분노, 불안과 공포 등은 인간의 기본 정서이며, 뇌의 변연계에서 그 기능을 담당하고 있으며, 여기에는 해마, 편도, 후각계가 있다.

정서심리학은 1930~1960년대까지 과거 30년 동안 행동주의에 밀려 과학적 발전을 이루지 못했으나 1960년대에 이르러 인지신경심리학과 함께 정서에 대한 심리학의 연구가 싹트게 되었다.

정서는 뇌의 기능이기 때문에 뇌를 통해 정서 기능을 이해하는 것은 당연한 일이 되었으며, 우리의 행동에 강력한 영향을 미친다. 또한 정서는 삶에 결정적인 영향을 주기도 한다. 자살을 하고 폭력을 휘둘러 살인까지 하며 알코올이나 약물 들에 중독되기도 한다.

불안도 뇌의 기능이다

불안은 정상적인 정서이면서 동시에 임박한 위험을 알려주는 경고 신호이다. 불안장애 그 자체가 일상생활에서 자주 경험하는 장애이기 때문에 여러 영역에서 이 문제에 관심을 가지게 되었다. 특히, 현대인의 불안장애는 정신의학이나 정신건강의 핵심이기 때문에 대단히 중요하다. 불안장애 환자들은 뇌의 기저핵이 과잉활성화되어 있는데, 이는 가바(GABA)라는 신경전달물질이 분비되지 않아서 나타나는 현상이다.

불안장애는 일반적으로 12~13%이며, 이로 인해 병원에서 치료받는 사람은 20% 정도에 지나지 않는다. 결국 불안장애로 고통받는 사람들의 대다수가 정서적 아픔을 그대로 유지하면서 살아간다는 것을 알 수 있다.

불안은 심리적 문제에 영향을 끼쳐 긴장과 초조함, 흥분과 파괴, 비애와 슬픔으로 이어지고, 가정불화나 사업의 실패도 불안의 소산물이 된다. 그 뿐 아니라 언쟁과 싸움, 그리고 사회악도 불안의 문제와 연결되어 있으며, 교회의 신앙과 관련된 부분에서 시험에 빠지는 것도 정신의학에서는 불안장애의 한 근원으로 보고 있다. 불안을 심리적, 정서적, 관계적, 육체적, 사회적 영향을 미치는 병으로 여기지 않고, 그대로 방치한다면 문제는 심각해질 수밖에 없다.

행동주의자들은 불안을 모방과 학습의 결과로 보지만 정신역동의학자들은 불안이 정신병리의 근원을 제공한다고 본다. 오늘날의 불안장애(신경증), 정신장애(정신증)는 불안이 주는 또 다른 형태의 정신병리라 할 수 있다.

특히 어린 시절에 경험한 불안은 소아기 · 청소년기 · 성인기에 이르러 여러 가지 형태의 병으로 나타날 수 있다는 점을 상기해 볼 때, 불안이 주는 정신병리의 문제를 소홀히 할 수 없다.

불안을 야기하는 어린 시절의 충격적 경험은 뇌의 편도체에 무의식적으로 저장된다. 뇌가 발달하면서 뇌세포는 11~12세 전후로 제2차 뉴런의 전정(Pruning, 솎아내기) 작업이 이루어지는데, 이때 쓰지 않는 뉴런이나 신경회로의 시냅스 솎아내기가 이루어지고 유용한 신경회로는 더욱 확대되며 그렇지 않은 것은 약화된다.

이러한 전정작업을 완성하는 시기 이후에 특히 불안은 어떤 이유로든 갖가지 증상 형성이 이뤄진다고 본다. 예를 들면 불안을 방어하기 위해 자아는 방어기제를 동원하는데, 남의 탓으로 돌리는 투사(Projection)를 많이 사용하면 정신증이 되고, 자기 탓(내사, Introjection)으로 돌리면 우울증이 되며, 자기를 억압하게 되면 신경증에 걸리기 쉽다. 이는 자아가 어떤 방어기제를 사용하느냐에 따라 다르게 나타난다. 살면서 새로운 스트레스를 받으면 자아가 무너져서 어떤 이는 신경증, 또 어떤 이는 정신증, 또 어떤 이는 인격장애로 발병될 수 있는 것이다.

우울증은 뇌의 병이다

우울증과 밀접하게 연관되어 있는 신경전달물질은 세로토닌, 노르에피네프린, 도파민 등 세 가지이다. 이것들이 잘 분비되지 않으면 뇌의 변연계가 과잉활성화된다.

대뇌변연계에서 분비되는 세로토닌이 부족하면 우울한 기분에 빠지거나 불안함이 생기고, 그 결과 식욕부진이나 수면장애를 초래하여 공황장애나 강박장애까지 올 수 있다. 특히 우울증의 증상인 의욕상실은 노르에피네프린이 부족할 때 생기며, 쾌감 상실은 도파민의 부족으로 일어난다.

우울증은 개인의 병이지만 사회적 정신병리를 야기하기도 한다. 왜냐하면 자살자의 80%가 우울증의 결과로 나타나기 때문이다. 불명예스럽게도 우리나라의 자살률은 2011년 현재 OECD 국가 중에서 8년째 계속 1위를 지키고 있다.

성경은 뇌를 말한다

기독교는 인간의 영혼에 가장 심층적인 관심을 갖고 있지만 오히려 마음이나 정신은 소홀히 하는 경향이 있다. 왜냐하면 마음은 심리학자에게, 정신은 정신의학자에게 빼겨 버렸기 때문이다.

하나님은 우리 영혼을 지극히 사랑하시어 주님이 재림할 때까지 "너희 영과 혼과 몸이 흠 없이 보전"(데살로니가전서 5:23) 되기를 간절히 소망하고 있다. 여기서 '혼'이라는 단어는 헬라어로 '프쉬케'인데, 이것은 곧 마음이요, 정신이다. 이 기능을 담당하는 곳이 바로 뇌(Brain)이다.

시편 23:3에는 "내 영혼을 소생시키시며…"라고 했는데. 영혼은 '프쉬케'이고, 소생은 '이아트레이아'라고 하는 헬라어로, 이 단어의 합성어가 바로 정신의학(Psychiatry)이다.

그리고 잠언서 14:10에서는 "…마음의 고통을 자기(oneself)가 알고…"라고 하였는데 '자기'는 히브리어로 '네페쉬'로, 자기는 곧 뇌이다. 현대 뇌 과학자로 유명한 뉴욕대학교 교수인 조지 르두(Joseph LeDoux) 박사는 자아(Self)는 곧 "뇌의 시냅스다."라고 하였다.

창세기 19:17에서는 롯의 가족을 향해 "…도망하여 생명(네페쉬)을 보존하라…"고 하였다. 생명은 곧 뇌이다. 이처럼 성경은 영혼이라는 단어를 구약에서는 네페쉬로, 신약에서는 프쉬케로 사용하였는데, 많은 부분에서 이를 뇌로 표현하고 있으며 아울러 뇌의 정신건강을 요구하고 있다.

오늘날 기독교인들은 영혼은 육체와 분리되어 있고, 죽은 뒤에는 영혼만 남는다는 영혼 불멸설을 믿고 있다. 한편으로 살아있는 한 이 땅에서 영혼의 정신적인 기능이 뇌에 달려 있다는 것은 분명한 사실이다. 신의 존재를 느끼는 영적 경험은 우측 측두엽이나 전두엽의 기능이라는 것을 뇌 과학자들은 밝혀냈다.

뇌 과학의 눈부신 발달로 인해 인간의 뇌 구조와 기능을 이해함에 따라 뇌와 마음 또는 정신의 관련성을 과학적으로 입증하게 되었다. 예수님도 이 땅에 "내가 온 것은 양으로 생명(조에)을 얻게 하고 더 풍성히 얻게 하려는 것이다"(요한복음 10:10)라고 하였다. 헬라어인 '조에'는 살아있는 동안의 생명을 뜻한다. 그래서 인간의 생과 사를 판단하는 기준은 심장이 아니라 곧 뇌가 멈추었을 때 사망이라고 진단하는 것이다.

뇌가 없는 인간은 존재할 수 없다. 뇌의 신경세포는 2세 무렵이면 거의 대부분 생성되지만, 이 뉴런 간을 연결하는 시냅스는 계속된다. 한 뉴런에서 다른 뉴런 간의 연결이 성숙되어 가는 데는 청년기(성년초기)에 이르러서야 비로소 완성된다.

청년 초기에 거의 모든 뇌의 구조가 완성되지만, 청소년 후기(성인 초기)에 이르러 이성의 뇌인 전전두엽과 좌 · 우뇌를 연결하는 뇌량과 수

초현상이 완성된다. 청소년기인 16~18세에는 신경세포의 솎아내기 작업이 가장 왕성하게 일어나지만 그럼에도 엄청난 시냅스가 대뇌피질 안에 존재한다. 특히 변연계에 속한 편도체가 정서를 유발하는데, 정신병리의 뇌 기초는 편도체의 일부분이 제대로 기능하지 못해 발생된다고 보는 학자도 있다.

뇌를 알면 치유가 쉬워진다

뇌가 병들면 영혼도 병든다. 반대로 영혼이 병들면 뇌도 병든다. 우리는 뇌를 사용하지 않으면 모든 것을 잃는다. 뇌의 가소성 때문에 상담을 통한 환경 자극은 뇌 자체를 변화시킬 수 있다.

뇌는 삶의 전 영역을 지배하고 있기 때문에 목회든, 상담이든, 교육이든 뇌에 대한 올바른 이해로 정신건강의 원리를 정확히 인식할 필요가 있다.

■ 성경은 불안의 뇌를 말한다

> 사랑 안에 두려움이 없고 온전한 사랑이 두려움을 내쫓나니 두려움에는 형벌이 있음이라 두려워하는 자는 사랑 안에서 온전히 이루지 못하였느니. (요한1서 4:18)

불안은 정상적인 정서이면서 또 한편 정신적 이상을 알려주는 신호이다. 왜냐하면 불안은 정신병리의 초석이기 때문에 재빨리 처리되지 않으면 어떤 다른 여러 가지 정신장애로 연결될 수 있어 아주 중요한 정서가 된다.

불안은 자아기능을 약화시킨다

특히 어릴 때 불안의 형성은 아동기, 청소년기, 성인기에 크게 영향을 미칠 수 있다. 그래서 부모의 따뜻한 보호와 안정된 사랑의 보살핌은 자녀의 정신건강의 초석이 된다.

어린 시절 불안을 야기하는 원인은 다양하다. 부모와의 분리, 유기, 무관심, 거부, 학대 등은 어릴 때 가장 큰 스트레스로 나타나며, 이러한 환경이 자아기능을 약화시켜 정신병리를 야기하는 원동력이 된다.

어린 시절의 스트레스나 지속적인 스트레스는 해마와 편도체를 포함하는 뇌 영역의 부피를 감소시켜, 기억의 결핍이나 정서조절의 문제를 일으킨다. 특히 1세 미만의 영아가 무관심 속에 방치되거나 학대받으면 전두엽 발달장애가 생겨서 반사회성, 충동적, 공격적이 된다.

태어난 지 얼마 안 된 아이에게 가장 큰 스트레스는 어머니와의 분리(헤어짐)이다. 이러한 스트레스는 아이로 하여금 울음의 형태로 표현되며, 이것은 즉각적인 어머니의 반응을 유도해 아기의 스트레스를 해소시킨다. 그러나 어머니의 반응이 적절치 못하면 아기의 뇌에 영구적인 문제를 일으킬 수 있다. 어린 시절부터 스트레스 호르몬이 많이 유지되면 뇌 발달에 부정적인 영향을 미치고 스트레스에 반응하는 조절능력을 취약하게 만들어 여러 가지 성인기 문제를 일으키게 된다.

불안하면 자아는 정신방어기제를 만든다

인간은 불안하면 누구나 심리적으로 방어기제를 선택하여 행동하게 된다. 그런데 한국인이 특히 잘 사용하는 방어기제가 있다. 그것은 투

사이다. 이는 자신의 잘못을 인정하지 않고 모든 것을 남의 탓으로 돌리는 방어기제로, 집안이 잘못되면 조상 탓을 한다거나 묘를 잘못 써서 그렇다는 식이다.

교회가 성장하지 못하면 성도를 탓하는 것, 지각하면 버스 운전기사에게 책임을 전가하는 것, 자기 시험성적이 나쁘면 시험출제자가 엉터리라고 하는 것, 자기의 비행 원인이 남에게 있다고 비난하는 것 등이 투사의 좋은 예이다.

"하나님이 주셔서 나와 함께 한 여자가 그 나무 실과를 내게 주므로 내가 먹었나이다." (창세기 3:12)

아담은 자기 자신의 범죄에 대해 초조함을 느꼈기 때문에 하나님께서 주신 하와에게 죄를 투사시킴으로써 자신을 방어하고 있다. 인간이 갖는 최초의 투사라 할 수 있다.

투사는 매우 병적이며 심각한 방어기제로 정신병의 방어기제이다. 편집증이나 피해망상, 알코올 중독환자에게 흔히 볼 수 있는데, 우리는 이런 방어기제를 서슴없이 사용하고 있다.

또 하나 한국인이 많이 사용하는 방어기제는 신체화이다. 이는 심리적 갈등이 신체 부위의 증상으로 표출되는 것을 말한다. 한국인들은 사촌이 땅을 사면 배가 아프다고 한다. 형제나 친척, 친구가 잘되면 격려하거나 칭찬하는 것이 아니라 오히려 신경증의 한 증상인 배가 아프다고 한다. 어느 민족에서도 볼 수 없는 보기 드문 미성숙한 정신방어기제를 사용하고 있는 것이다.

그리고 또 하나는 억압이라는 방어기제이다. 고통스러운 일이나 생각, 감정, 기억을 의식적으로 억누르는 무의식적 방어기제로 건강한 사람들에게 가장 보편적인 방어기제이다. 그러나 억압이 많을수록 신경증이 된다. 우리나라에서 유일하게 볼 수 있는 억압이 화병이다. 이 병은 미국 정신의학회가 발행한 정신장애진단 및 통계편람의 4판에(DSM-IV), 정식 등록되어 한국 여성에게 발생되는 화병(火病)으로 소개되고 있다. 이 병은 밖으로 드러내면 부끄러워 계속 억압하다보면, 10년, 15년이 지나 발병되는데, 교회에서도 사모님들이 억압을 많이 해서 신경증으로 많은 고통을 받는다고 한다.

예수님이 이 땅에 오신 것은 우리를 자유케 하시기 위해 오셨다. 그래서 예수님은 "진리가 너희를 자유케 하리라."라고 말씀하셨다. 불안은 모든 신경증의 기본 원인이요, 정신병리의 근본을 이룬다. 그래서 어떤 이는 불안이 모든 노이로제의 어머니라고 말한 바도 있다.

환경에 대한 적응 실패에서 오는 불안, 대인관계에서 오는 긴장이나 갈등으로 인한 불안, 생활의 어려움에 대한 반응으로서의 불안이 있으며, 치열한 입시 경쟁에서의 불안이나 취업 불안, 직장에서의 실적 불안, 그리고 생리적 불안 등이 있다.

가정에서 발생되는 불안도 흔하다. 끊임없는 부모의 가정불화에서 오는 불안, 과잉보호나 편애하는 부모에게서 자라거나, 거부당한다든가 일관성 없는 모순된 태도를 보이는 부모 밑에서 성장한 경우, 항상 공포와 긴장감 속에서 불안이 누적된다는 사실이다. 그래서 각 신경증은 스트레스 밑에서 태어나서 6세 미만에 형성되며 내적 심리적 균형의 종류에 따라 신경증의 종류도 달라진다. 신경증의 한 가지 공통된 특징은 불안이다. 그래서 이 불안은 불안신경증(불안장애), 공포신경증(공포장애), 강박 신경증(강박장애), 우울신경증(우울장애), 히스테리 신경증(해리장애) 등으로 분류한다.

"근심이 사람의 마음에 있으면 그것으로 번뇌케하나." (잠언서 12:25)

(Anxiety in the heart of m

불안하면 뇌는 기저핵이 과잉활성화된다

우리는 기저핵을 불안 센터라고 부르기도 한다. 기저핵은 대뇌피질에서 오는 정보를 뇌간과 소뇌를 중계하면서 신체의 움직임이 원활하도록 조종한다. 기저핵은 대뇌변연계의 위쪽에 자리잡고 있는 여러 핵들을 모두 일컬어 부른다.

기저핵은 시상 다음으로 뇌의 깊숙한 위치에 자리잡고 있다. 기저핵은 정신과 감정 그리고 신체의 움직임을 균형 있게 융합하는 구실을 한다. 우리가 흥분하면 발을 구르고, 극도로 신경질이 나면 부들부들 떨고 무서우면 등골이 오싹해지는 것 등이 기저핵의 감정과 세신한 신체의 움직임을 균형 있게 나타내는 증거이다.

불안신경증(범불안장애)에 있는 사람들이나 공황발작(공황장애) 환자 그리고 외상 후 스트레스장애, 광장공포증, 뚜렛장애, 운동 틱(음성 틱), 파킨슨병, 무도병 등의 환자들은 이 기저핵이 과잉활성화되어 있다.

또한 뇌의 기적핵이 과잉활성화되면 불안하고, 초조하며, 미래를 최악의 것으로 예측하는 경향이 있다. 그리고 근육, 긴장 및 통증, 글쓰기 장애, 두통, 인지적 비융통성, 갈등, 회피 등의 증상을 초래한다.

불안을 유발하는 상황에서 기저핵이 과잉활성화된 많은 사람들은 두려움에 사로잡혀 꼼짝없이 집에만 있도록 만들어 버린다. 메르스 전염병이 한국 사회를 급습하였을 때. 어떤 어머니는 아이를 학교에 보내지 않고 집에만 있게 했는데 이러한 상태를 광장공포증이라고 한다. 공황발작의 두려움으로 수년 동안 집밖에 나가지 못하는 경우가 여기에 속한다.

특정한 이유 없이 불안하거나 공포를 느낀다든가, 해리장애를 일으킨 사람들은 측두엽의 이상 기능이 있을 수 있다.

기저핵의 과잉활성화나 측두엽의 기능장애는 신경전달물질인 가바의 부족으로 기인된 것으로 알려져 있다. 특히 공포증이나 PTSD 그리고 강박장애에 걸린 사람들은 전대상회가 과잉활성화 될 수 있다. 결국 불안 기능은 뇌에서 이루어지는 것으로, 뇌의 기능을 알면 치유가 쉬워진다. 긍정적인 생각이나 운동, 스트레스에서 자유로워지려면 뇌를 안정시켜야 한다.

성경은 스트레스의 뇌를 말한다

[5]너는 밤에 놀램과 낮에 흐르는 살과 [6]흑암 중에 행하는 염병과 백주에 황폐케 하는 파멸을 두려워 아니하리로다. [7]천 인이 네 곁에서, 만인이 네 우편에서 엎드러지나 이

재앙이 네게 가까이 못하리로다. [8]오직 너는 목도하리니 악인의 보응이 네게 보이리로
다. [9]네가 말하기를 여호와는 나의 피난처시라 하고 지존자로 거처를 삼았으므로 [10]화
가 네게 미치지 못하며 재앙이 네 장막에 가까이 오지 못하리니 [11]저가 너를 위하여 그
사자들을 명하사 네 모든 길에 너를 지키게 하심이라. [12]저희가 그 손으로 너를 붙들어
발이 돌에 부딪히지 않게 하리로다. [13]네가 사자와 독사를 밟으며 젊은 사자와 뱀을 발
로 누르리로다. (시편 91:5-13)

우리는 많은 스트레스를 받으며 살아간다. 직장에서의 상사와 직원과의 스트레스, 경쟁 사회에서 오는 스트레스, 부부 간이나 자녀 간에 오는 스트레스, 교통체증에서 오는 스트레스, 뜻밖의 사건으로 인한 스트레스, 소음 스트레스, 가까운 사람의 사망, 질병의 스트레스 등 다양하다.

스트레스라는 말은 원래 물리학 분야에서 처음 사용되었다. 용수철에 힘을 가해 당겼다가 놓으면 원상태로 돌아가지만 더 세게 잡아당기면 용수철이 비틀어져 원상태로 돌아가지 못하는데, 이렇게 용수철을 비틀어지게 하는 힘을 '스트레스'라고 불렀다. 그러나 현대에 와서 스트레스는 의학 분야에서 주로 사용되어 '외부에서 인체에 가해지는 자극으로 인해 생체 균형이 깨져 장애가 생겨나는 상태'를 뜻하는 말로 사용되고 있다.

일반적으로 스트레스는 삶을 괴롭게 하는 부정적인 압력이나 사건이라고 말한다. 현대인의 질병을 일으키는 대부분의 원인이 스트레스에서 기인된다는 것이다. 예전에는 병을 일으키는 원인으로 바이러스,

박테리아, 곰팡이 등이 있었는데, 최근에는 뇌세포를 잡아먹는 아메바까지 등장했으며, 현대인들의 모든 질병의 원인 중 75%가 스트레스에 의한 것으로 알려지고 있다. 성경에는 스트레스란 말이 직접 사용되지 않았으나 심한 스트레스를 잘 표현하는 시편 91:5~6절을 소개한다.

"너는 밤에 놀램(공포)과 낮에 흐르는 살과 흑암 중에 행하는 염병과 백주에 황폐케 하는 파멸을 두려워 아니하리로다."

스트레스는 누구나 받을 수 있지만 스트레스를 두려워 말라고 성경은 말씀하고 있다.

스트레스는 뇌의 자율신경계를 흥분시킨다

위 성경 본문 5절에 '너는 밤에 놀램과 낮에 흐르는 살'이라고 하였다. 이는 스트레스로 인해 자율신경계가 흥분된 상태를 묘사하는 것이다. 즉, '낮에 흐르는 살'은 교감신경계가 흥분된 상태를 표현하고 있으며 '밤의 놀램'은 부교감신경의 흥분된 상태를 표현하고 있다.

인간은 해가 뜨면 낮에 일을 하고 해가 지면 밤에 잠을 자는 생체 리듬을 가지고 살아간다. 이때 작용하고 있는 것이 자율신경인데 이는 기상하면 12시간을 기준으로 움직이게 된다. 낮이 되면 긴장과 각성에 관련된 교감신경이 활발히 기능하게 되고, 밤이 되면 긴장을 풀어 안정을 주며 에너지 저장 등 성장과 관련된 활동을 강화시키는 부교감신경이 작용하여 몸을 쉬게 함으로써, 생체의 리듬과 균형을 유지하며 살아가게 한다.

스트레스는 교감신경을 활성화한다

스트레스를 받으면 교감신경은 도피(도망) / 투쟁(공격)의 시스템을 가지고 반응하게 된다. 이 말은 20세기 초 하버드 의대 생리학자 월터 캐넌에 의해 처음 명명되었다. 응급상황이 발생하거나 감정이 격한 상태에서 작동하는데, 이러한 경고 반응(스트레스 반응)은 시상하부에서 시작된다.

또한 '낮에 흐르는 살'이라는 표현이 나오는데, 이는 낮에 화살이 날아드는 것과 같은 엄청난 스트레스를 경험하는 것에 대한 표현으로, 이때는 교감신경은 흥분되어 생체 리듬이 균형을 잃게 된다. 이 화살은 낮에 자기를 해치는 해악의 화살이요, 불행을 가져다주는 화살이요, 재난과 재해를 가져다주는 화살이요, 마음의 상처를 주는 화살이다. 참으로 위협적인 위기의 상황이 아닐 수 없다.

낮에는 일터에서 활동하는 시간이다. 그러나 이 엄청난 스트레스를 통해 교감신경은 과잉 흥분할 수밖에 없다. 교감신경이 흥분되니까 혈압이 오르고 혈류가 감소하고 혈액 응고 속도가 빨라져 심혈관 질병이 걸릴 수밖에 없는 응급한 상황이 오는 것이다. 교감신경이 오랫동안 작동되면 고혈압, 소화성 궤양 같은 질병이 일어날 수 있는 확률이 높아진다. 낮에는 이처럼 엄청나게 위험한 위기의 스트레스를 직면할 수밖에 없는 상황이다.

스트레스는 부교감신경을 활성화한다

성경 본문처럼 '밤에 놀램(공포)'이 엄습해 오는 것을 볼 수 있다. 이는 스트레스를 받아 부교감신경이 균형을 잃게 된 상태를 말한다. 밤이 되면 안정되어 수면을 취하는 것이 정상적인데 공포가 엄습해오니 잠을 잘 수가 없다.

밤에는 잠을 자야 면역 호르몬이 나온다. 이는 암 덩어리도 녹이고 죽을 사람도 살린다. 그런데 밤에 공포에 떨고 있으면 안정을 유지하는 멜라토닌 호르몬이 나오지 않아 잠을 잘 수가 없다. 결국 수면장애가 생긴다. 낮에는 자기를 해치는 엄청난 스트레스가 엄습해 오고, 밤에는 공포가 엄습해 오니 자율신경계가 자유롭지 못하다. 따라서 교감신경과 부교감신경이 각성되어 온전한 신체 리듬을 유지할 수가 없다.

스트레스는 내분비계를 자극하여 우울증을 일으킨다

성경 본문 6절에 "흑암 중에 행하는 염병과 백주에 황폐케 하는 파멸을 두려워 아니 하리로다."라고 하였다.

일찍이 5세기 카시안은 '백주에 황폐케 하는 파멸'이라는 이 성구를 한낮의 악마라고 표현하였다. 카시안은 우울증 환자에게 노동을 시키고 홀로 놓아두어야 한다는 주장을 했던 사람이다.

고대 신화에서는 우울증을 귀신 때문이라고 믿은 적이 있었다. 4세기의 신비주의자인 에바 그라우스는 우울증은 수행자를 괴롭히고 유혹하는 한낮의 악마라고 칭했으며, 우리가 물리쳐야 할 유혹가운데 하나라고 꼽았다. 이후 앤드류 솔로몬은 〈한낮의 악마〉라는 우울증 책을 출판하였다. 우리나라에서는 〈한낮의 우울〉로 번역되어 출판되었다.

가나안 사람들은 레쉬프(Resheph)라 불리던 귀신의 존재를 믿었는데,

이 귀신들이 특히 밤에 활동한다고 믿었으며, '흑암 중에 행하는 염병' 을 일으키는 것은 곧 귀신의 존재 때문이라고 믿었다.

스트레스는 시상하부에 영향을 주어 내분비계를 자극한다

스트레스는 시상하부의 앞쪽 부위(전부)에서부터 시작하여 HPA(시상하부-뇌하수체-부신피질)의 축에 영향을 주어 부신피질을 활성화하여 스트레스 호르몬인 코르티솔(Cortisol)의 분비를 증가시킨다. 그러면 우리 몸의 면역력은 파괴되고 우울증을 일으킨다.

코르티솔의 수치가 증가하면 에너지가 떨어지고 집중력도 상실되며 콜레스테롤 수치를 상승시켜 심장병이나 고혈압 그리고 뇌졸중 / 당뇨병의 위험을 증가시킨다. 또한 면역력이 떨어져 각종 암이나 전염병(염병)에도 쉽게 노출되고, 우울증이나 불안은 물론 월경주기가 불규칙해져 성적 욕구도 감소하여 생식력도 떨어진다. 우울증 환자의 50% 이상은 코르티솔의 수치가 지속적으로 상승되어 우울증과의 연관성을 쉽게 이해할 수 있다.

스트레스를 계속 받으면 뇌세포가 죽는다

뇌에서 스트레스에 취약한 부분은 기억중추, 감정중추인 변연계이다. 우울증이나 조울증에 걸린 사람들의 변연계를 보면 과잉활성화되어 있다. 그래서 변연계는 쉽게 스트레스에 예민하며 기억과도 관련이 있다.

스트레스를 받으면 우울증도 쉽게 걸리지만 변연계 해마의 신경세포가 손상을 받아 죽게 된다. 스트레스를 많이 받으면서 살면 해마의 손상으로 인해 기억상실이 오고 건망증도 유발되며, 치매에도 크게 영향을 미친다. 우울증에 걸린 사람들의 90% 이상이 뇌의 수면 조절 기능이 악화되어 불면증에 시달리고 있다.

성경 본문처럼 '밤에 공포'가 일어나서 부교감신경이 과잉활성화되고 멜라토닌이 나오지 않아 잠을 잘 수 없게 된다. 우울이나 수면, 식욕 등을 조절하는 기능을 하는 곳이 뇌의 변연계다. 이 변연계는 과잉활성화되고 신경전달물질인 세로토닌, 도파민, 노르에피네프린은 결핍된다.

스트레스를 이기는 비결은 스트레스를 두려워하지 않는 것이다

한국성경공회가 펴낸 바른 성경(KTV)에서는 원문에 가깝게 번역되었는데 본문 5절 "네가 밤의 공포와 낮에 날아드는 화살을 두려워하지 않으며", 6절 "어둠 가운데 퍼지는 전염병과 한낮에 황폐케 하는 파멸도 두려워하지 아니할 것이다."라고 하였다. 하나님은 어떠한 환난과 난관의 위기를 당할지라도 결코 두려워 말라는 것이다.

밤에는 밤대로 위험이 도사리고 있어서 공포감을 느끼고 낮은 낮대로 화살의 위험이 엄습할지라도 하나님을 믿는 성도들은 스트레스를 두려워하지 말아야 된다는 말이다. 왜 두려워하지 말아야 되는지를 본문은 잘 제시하고 있는데, 어떠한 상황이든 하나님이 안전하게 보호하심을 뜻한다. 하나님은 우리의 우편에 계시며 재앙에서 보호하시기 때문이다.

성경 본문 7절에 "천인이 네 곁에서, 만인이 네 우편에서 엎드러지나 이 재앙이 네게 가까이 못하리로다."라고 하였다. 우리에게 재앙은 엄청난 스트레스이다. 재앙이 우리의 삶을 지배한다 하더라도 결코 하나님은 우리의 우편에 계시며, 우리를 스트레스에서 안전에게 보호하고 계신다. 공포나 화살이나 역병과 같은 재앙이 결코 우리의 삶을 덮치지 못한다. 이것은 하나님을 믿는 사람의 축복이다.

하나님은 우리의 피난처시요, 은신처가 되시며 우리를 보호하신다

본문 9절에 "네가 말하기를 여호와는 나의 피난처시라 하고 지존자로 거처를 삼았으므로"라고 하였다. 하나님을 믿는 성도들을 하나님을 우리의 지존자로 거처를 삼으시고 살아가니 결코 두려워할 것이 없다. 하나님은 화가 결코 미치지 못하도록 안전하게 보호하시기 때문이다. 본문 10절에는 "화가 네게 미치지 못하며…."라고 하였다. 여기서 '화'는 사람들에게 해로운 모든 형태의 악을 의미한다.

하나님은 우리의 장막이나 인생길을 보호하신다

본문 10절 하반 절에 "재앙이 네 장막에 가까이 오지 못하리니"라고 하였고, 11절에 "저가 너를 위하여 그 사자들을 명하사 네 모든 길에 너를 지키게 하심이라."고 하였다. 우리가 집안에 있을 때 밖에 나가 있을 때나 인생의 여정을 보호하신다는 말이다.

본문 12절에서는 "발이 돌에 부딪히지 않게 하리로다."라고 하였다. '돌'은 사람을 걸려 넘어지게 하는 모든 종류의 역경이나 재난에 대한 은유적 표현이다.

인생을 살아가는 데 낮에 날아드는 화살이 엄습하고 밤에는 공포가 심하여 잠을 못 이루는 엄청난 스트레스가 찾아올 수 있다. 이러한 스트레스에 이기는 비결은 어떠한 상황에서도 스트레스를 두려워하지 않는 것이다. 스트레스로 인해 자율신경이 각성되어 교감신경과 부교감 신경이 신체리듬을 잃을지라도 결코 두려워 말아야 한다. 왜냐하면 하나님이 우리를 안전하게 보호해 주시기 때문이다.

▪ 성경은 생체 리듬의 뇌를 말한다

5내가 누워 자고 깨었으니 여호와께서 나를 붙드심이로다. 6천만인이 나를 둘러치려 하려도 나를 두려워 아니하리이다.(개역개정)

5내가 눕고 자고 깨었으니 이는 여호와께서 나를 붙드셨기 때문이다. 6천만인이 나를 에워싸 진을 치더라도 나는 두려워하지 않을 것입니다.(바른성경) (시편 3:5-6)

수면과 각성은 뇌의 기본적인 생체 리듬이다

성경 본문에 "내가 누워 자고(수면) 깨었으니(각성)…"라고 하였다. 인류의 역사는 낮과 밤이 만들어진 후에 시작되었다(창세기:13-5). 빛이 있는 낮과 빛이 없는 밤에 따라 인간의 모든 생체 리듬도 낮과 밤에 맞추어서 이루어졌으며, 이런 다음 하루 24시간을 기준으로 해서 생긴 것이 바로 24시간 주기이다. 이를 가리켜 일주기 리듬(Circadian rhythm) 또는 서케디안 리듬이라 부른다.

우리 몸 내부의 생체 세계는 24시간 주기로 반복되는 리듬을 생물학적인 밤과 낮으로 구분한다. 24시간 주기로 우리는 수면과 각성 상태가 반복되는데, 생체 시계는 수면과 각성의 일주기에 있어 일차적인 조절 인자라고 말할 수 있다. 낮 시간 동안에는 각성상태로 있다가 밤이 되면 수면상태로 유지하려는 신체의 항상성 현상이 일어난다.

잠을 자게 하고 잠을 깨게 하는 수단에는 두 가지가 있다. 하나는 여러 뇌 영역들을 연결하는 신경회로에 의한 것이며, 다른 하나는 뇌척수액에 들어 있는 수면 물질에 의한 것이다.

뇌는 본래 각성상태에 놓여 있다. 우리가 깨어 있는 것은 신체의 내외로부터 자극을 받아들이는 뇌간 망상체가 대뇌피질을 자극하고 있기 때문이다.

대뇌피질을 자극하는 첫 번째 경로는, 뇌간 망상체(reticular formation)에서 시상을 거쳐 대뇌피질로 전달하는 상행신경세포에 의해 대뇌피질을 흥분시켜 각성상태를 지속한다. 그런데 외부의 자극이 사라지면 잠이 오는 것은 이 계통의 작용이 나빠지기 때문이다.

각성을 강력하게 촉진시키는 신경세포로는, 뇌간의 연수에 있는 청반핵(Nucleus Locus Ceruleus)에서 나오는 노르에피네프린(Norepinephrine) 신경세포와 뇌간의 교뇌에서 분비되는 아세틸콜린(Acetylcholine) 신경세포가 있고, 또 하나는 뇌간의 봉선핵에서 분비되는 세로토닌 신경세포이다. 이들은 모두 각성에 관여하며 넓은 의미에서 수면조절계로 작용한다.

대뇌피질을 자극하는 두 번째 경로는, 시상하부에서 기저전뇌부

(Basal forebrain 또는 기저전뇌)를 경유해서 대뇌피질을 흥분시키는 경우인데, 시상하부에서 나오는 각성계 히스타민 신경세포가 직접 대뇌피질에 투사되어 각성을 일으킨다. 밤이 되면 시교차상핵에서 신호가 나와 뇌간 망상체를 적극적으로 억제하기 시작한다. 그러면 우선 논렘(Non-rem) 수면이 발생한다.

적절한 수면은 개인차가 있기 때문에 사람마다 다를 수 있다. 하루 9시간 자는 사람과 6시간이 못 되는 잠을 자는 사람을 비교 연구한 결과가 있다.

이들을 40시간 계속 잠을 자지 못하게 한 후 똑같은 조건에서 호르몬 분비량, 체온, 졸음 정도 등을 측정한 결과, 오래 자는 사람은 짧게 자는 사람보다 생물학적 밤이 긴 것으로 밝혀졌다. 이는 사람마다 생체시계가 다르다는 것을 보여주는 것이다.

아인슈타인은 하루 10시간 이상씩 자고도 세계적인 물리학자로 우뚝 섰으며, 에디슨과 나폴레옹은 불과 3시간 정도의 잠을 자며 생활했지만 발명가와 유명한 장군으로 역사에 기록되고 있다.

수면의 양과 질이 개인차에 맞게 적당히 채워지는 것을 적절한 수면이라고 말할 수 있다. 그러나 일반적으로 유치원에서 초등학교까지는 약 9시간 이상, 성인은 7시간 30분을 적당한 수면 시간으로 여긴다.

개인의 적절한 수면시간을 알 수 있는 방법이 한 가지 있다. 다음날 아무런 일도 하지 않고 있어도 졸리지 않을 정도의 수면이라면 그것은 적절한 수면이라고 본다. 이러한 수면이 유지될 때 정신이 건강한 생활을 할 수 있다. 즉, 적절한 양의 수면을 유지하는 일이 중요하다.

일반 성인이 수면 시간을 1시간 초과해서 잠을 자야 상쾌하고 편안하다면 그 사람에겐 그 시간이 적절한 잠의 양이 되며, 1시간 덜 자도 피곤하지 않거나 졸리지 않다면 그 사람은 그 시간이 적절한 수면시간이 된다.

주의할 것은 잠을 적게 자서는 안 된다는 점이다. 일부 책에서는 하루에 4시간만 잠을 자도 깊이 자면 별 탈이 없다고 하지만, 이것은 잘못된 해석이다. 깊은 잠이란 보통 논렘 수면의 3단계와 4단계를 뜻하는데, 깊은 잠이 많다고 해서 꼭 좋은 것만은 아니다.

이유는 간단하다. 예를 들면 수험생이나 노동자들은 대개 잠이 부족하다. 이들이 잠을 잘 때 뇌파의 기록을 보면 모두 깊은 수면이 많아짐을 알 수 있다. 이 같은 현상은 만성적으로 잠이 부족할 때 생명을 유지하기 위하여 가장 먼저 보충하는 논렘 수면의 3, 4단계 수면이기 때문이다. 깊은 잠이 증가하는 현상을 보이는 것은 만성적인 수면 부족의 증거라는 사실을 수면다원검사를 통해 알 수 있다. 또한 만성적인 수면 부족에 있는 사람은 수면을 취할 때 깊은 잠의 양이 많아져도 낮에 피곤하고 졸리며 집중이 되지 않는 증상을 여전히 호소한다.

우선은 적절한 질의 수면이 유지되는 것이 중요하다. 사람마다 삶의 질이 다르듯이 수면의 질도 다르다. 수면의 질을 가장 나쁘게 만드는 것은 수면장애로, 불면증은 잠 효율성을 떨어뜨리고 수면 무호흡증은 수면의 질을 매우 나쁘게 만든다. 이는 근육의 긴장을 증가시키기 때문이다.

스트레스와 두려움(공포)은 생체 리듬을 파괴한다

성경 본문에 "천만인이 나를 둘러치려 하여도 나는 두려워 아니하리이다."라고 하였다. 생체 리듬을 방해하는 요소는 스트레스요, 두려움(공포)이다. 생체 리듬을 깨면 불면증이 오고 수면장애가 일어난다.

➊ 스트레스와 두려움은 생체 리듬을 깨서 불면증을 일으킨다

"천만인이 나를 둘러치려 하였도다."라고 하였는데 이는 엄청난 스트레스이다. 다윗은 잘 이겨냈다. 그것은 하나님께서 지켜주시기 때문이라고 고백하고 있다. 그러나 일반적으로 스트레스를 받으면 불면증이 오고 수면의 리듬이 깨지기 시작하여 잠자는 호르몬인 멜라토닌의 분비가 잘 이뤄지지 않는다. 멜라토닌은 송과체에서 분비되는데 스트레스를 받으면 생체 리듬에 균형이 깨진다.

➋ 스트레스와 두려움은 생체 리듬의 원리를 깨어버린다

몸은 생체 메커니즘에 의해 살아 움직이며, 그 중에서도 자율신경은 자신의 의지와 상관없이 스스로 기능을 한다. 특히 심장과 호흡 같은 생명 활동은 매우 중요한 역할을 담당하며, 자율신경은 교감신경과 부교감신경으로 이루어진다.

생체는 아침에 교감신경이 일하고 해가 지면 부교감신경이 각각 12시간 간격으로 서로 분담하여 기능한다. 교감신경은 인간이 활동할 때 기능하는데, 작업이나 공부, 운동 등을 열심히 할 때 기능함으로써 혈액을 뇌로 올려 보내 뇌를 활성화시킨다. 뿐만 아니라 골격근에 에너지를 공급하여 간에서 글리코겐을 방출하게 하는 등, 생체 리듬에 필요한 기능을 한다. 즉 뇌를 긴장시켜 여러 가지 활동을 할 수 있도록 만들어 준다.

한편 부교감신경은 해가 지면서 편안히 휴식을 취할 때 기능한다. 맛있는 식사를 한 후, 한가할 때 소화기능을 촉진시키거나 졸음을 불러오는 역할을 한다. 우리가 깨어 있을 때 힘든 일을 하면 뇌는 당연히 지치는데, 이런 상태가 계속될 때 부교감신경이 작용하지 않으면 뇌는 물론 몸도 녹초가 되고 만다. 부교감신경은 잠을 자고 있을 때도 내장이나 근육을 안정시키기 위해 일을 하고, 식사 후 곧바로 잠에 골아떨어졌다해도 위에서 음식물을 소화시켜야 하기 때문에 소화액을 분비하도록 지시한다. 그렇지 않으면 혈액이 뇌로 올라가지 못해서 뇌는 충분한 휴식을 취할 수 없다. 이처럼 저녁이 되면 부교감신경이 작용하여 잠과 안정과 성장에 필요한 호르몬을 만들어준다.

- 스트레스와 두려움은 수면의 원리를 깨어버린다
- 수면에 작용하는 결정적 요인은 외적 요인과 내적 요인이다

외적 요인에는 빛, 생체시계, 주변 환경이나 침실 환경이 있기도 하고 내적 요인에는 심리적 스트레스, 운동부족, 병으로 인한 통증, 복용하는 약 또는 카페인 중독 등이 있다. 불안이나 스트레스는 생체 리듬을 깨버리기 때문에 결국 수면에 문제를 일으킨다.

생체 리듬의 뇌는 여호와께서 주관하신다

성경 본문에 "내가 누워 자고 깨었으니 여호와께서 나를 붙드심이로다."라고 하였으며, 시편 127:2절에는 "그러므로 여호와께서 그 사랑

하시는 자에게 잠을 주시리로다."라고 하였다.

잠이 오게 하는 생체 리듬은 바로 멜라토닌으로, 햇빛을 통해 이루어지고 있다. 하나님께서 우리 몸의 생체 리듬을 조율하기 위해서 뇌의 시상하부에 생체시계인 시교차상핵을 만들어, 우리 몸을 24시간 리듬으로 조정하신다. 그래서 시교차상핵을 핵심조율자라고 부른다.

아침에 일어나서 햇빛을 받으면 빛의 정보가 시신경을 통해 시교차상핵에 신호를 보낸다. 그러면 송과체라는 조직에서 멜라토닌 호르몬을 분비한다. 멜라토닌을 일반적으로 시계 호르몬이라고도 부른다. 아침 햇빛을 쐬면 14시간가량 후에 멜라토닌이 분비되고, 그 후 한 시간 뒤에 수면을 취하게 된다.

■ 성경은 믿음의 뇌를 말한다

"너희가 기도할 때에 무엇이든지 믿고 구하는 것은 다 받으리라" (마태복음 21:22)

명상, 기도를 할 때 뇌 전체가 크게 활성화된다

6,000개 이상의 뇌를 SPECT 영상으로 촬영한 미국의 기독교 정신의학자인 에이멘 박사는 신의 존재를 느끼는 지점을 우측 측두엽이라고 주장하는 반면, 뇌와 영성 간의 관계를 20년간 연구한 미국의 신경의학자인 앤드루 뉴버그는 신과 만나는 장소가 측두엽이 아니라는 것을 밝혀냈다.

오랜 시간동안 명상을 한 성직자의 뇌를 스캔했더니 활발하게 작용하였으며, 그 중 가장 큰 차이를 보인 곳이 전두엽이었다. 전두엽은 정보의 중계소 역할을 하는 시상과 연결되면서, 어떤 대상에 집중하게 만든다. 이어서 두정엽의 활동도 증가하기 시작한다. 우리가 십자가와 같은 시각적 이미지를 보고 있다면, 측두엽 아래쪽에 있는 시각계도 함께 활성화된다.

또 전두엽은 뇌의 감정을 담당하는 변연계와 연결되어 더 없는 행복함과 고요함 등을 느끼게 해준다. 기도나 명상이 극에 도달하면, 이번에는 시상과 두정엽의 활동이 점차 줄어든다. 이때 우리는 시공간의 감각을 잃고 무아지경에 빠질 수도 있다. 명상이나 기도를 통해 행복감과 고요함이 점점 증가하다가 어느 순간, 신비한 영적 체험이 일어날 수도 있다. 이때 자극과 진정을 담당하는 자율신경계가 활성화되면서 엄청난 에너지와 극도의 행복감을 느끼게 된다.(KBS, 2015)

이 모든 과정은 뇌의 한쪽이 아니라 양쪽에서 동시다발적으로 일어나는 매우 복잡하고 역동적인 과정이다. 즉, 종교나 영적 체험에 관여하는 곳은 뇌의 특정한 부위가 아니라 뇌 전체라는 것을 알 수 있다.

뇌 속에는 단 하나의 갓 스팟(신과 만나는 장소)이 있는 게 아니라 뇌의 수많은 부분이 모두 영적 체험의 일부이며, 그래서 신과 만나는 장소가 우리 뇌 전체를 말하는 것이라 생각한다. 21세기 최첨단 과학은 우리의 뇌 전체가 신과 만나는 장소라는 사실을 밝혀냈다. 물론 갓 스팟이 신이 있다는 증거는 아니다.

믿고 기도하면 뇌의 기저핵에 있는 미상핵이 활성화된다

미상핵은 우리가 사랑에 빠질 때나 쾌감을 느낄 때 활성화되는 곳이다. 2008년에 덴마크의 오르투스 대학 연구팀이 신실한 기독교 신자 20명을 실험하였다. 실험 대상은 21~32세의 성인 남녀로 정신건강에 전혀 이상이 없는 건강한 사람들이다. 이들이 눈을 감고 마음속의 하나님께 기도할 때, 뇌를 MRI로 촬영하였다. 그런데 하나님께 기도하는 동안 뇌의 미상핵이 가장 활발하게 반응하였다.

또다른 실험에서는 산타클로스에게 기도하게 했더니, 이때는 이 부위가 활성화되지 않았다. 연구팀은, 하나님은 실제로 존재한다고 믿는 반면에 산타클로스는 가상의 인물이라고 생각하기 때문이라는 결론을 내렸다.

믿느냐 믿지 않느냐는 곧 인간 뇌의 활동방식뿐만 아니라 뇌의 형태까지 바꾸는 강력한 힘인 것이다. 또 한편 하나님을 믿는 사람들은 전두엽이 일반인에 비해 훨씬 더 두껍다는 것이 밝혀졌다.

믿고 기도하면 뇌는 생각하는 대로 되어간다

"대저 그 마음의 생각이 어떠하면 그 위인도 그러한 즉…" (잠언 23:7)

정신의학에 Placebo effect(위약 효과)가 있다. 가짜 약을 주어도 환자는 의사가 처방한 것을 그대로 믿으면 효과가 있다는 것이다. 반대로 Nocebo effect(노세보 효과)가 있는데 이는 진짜 약을 주어도 환자가 믿지 않으면 약효가 없다는 것이다. 다시 말하면, 종교적인 믿음도 이와 흡사하다. 성경에 보면 마태복음 9:29에 "가라사대 너희 믿음대로 되라."

고 하였고 히브리서 11:1에서는 "믿음은 바라는 것들의 실상이요."라고 증거하고 있다. 종교적인 믿음이 긍정적이면 마음에 평안을 주고 불안이 없어지며, 야고보서 5:15의 말씀처럼 "믿음의 기도는 병든 자를 구원하리니"라고 한다.

긍정적인 믿음은 사람을 살리기도 하고 부정적인 믿음은 사람을 죽이기도 한다. 긍정적인 믿음을 갖게 될 때, 뇌에서는 행복과 기쁨과 평화로운 호르몬과 신경전달물질을 분비하지만 부정적인 믿음일 때, 뇌는 비상상태가 되어 생명과 건강에 문제를 일으키게 되고, 면역력이 떨어지는 병에 걸리거나 극단적일 때는 뇌가 쪼그라들어 죽음에 이르기도 한다.

믿음은 뇌 속의 신경전달물질을 분비한다

신경전달물질이란 신경세포 간의 의사소통을 하는 화학물질로서 믿음과 직접적으로 연관되어 있는 것은 바로 도파민과 세로토닌, 그리고 옥시토신 호르몬이다. 믿음은 이처럼 정신생물학적인 작용을 하고 있다. 인간의 뇌는 신경세포인 뉴런과 뉴런을 연결하는 시냅스가 있는데 뉴런은 1,000억 개, 시냅스는 1,000조 개에 이른다. 또한 신경전달물질만 해도 100 종류가 넘는데, 믿음과 가장 직접적으로 연관된 신경전달물질은 도파민이다.

도파민은 사랑에 빠질 때 분비되는데, 이때 페로몬과 노르에피네프린 등이 분비되어 쾌락중추를 자극하고, 이로 인해 심장이 빠르게 뛰면서 흥분을 느끼게 된다.

기도나 명상을 할 때, 도파민이 분출된다는 것은 사랑에 빠질 때와 믿음에 몰두한 상태가 흡사하다는 것을 의미한다. 도파민이 공부하거나 일을 할 때 분비되면 기분 좋은 성취감을 맛보게 해준다. 도파민이 분비되면 백혈구가 증가하면서 면역 기능이 강화되어 건강을 유지하는데, 도파민이 부족하면 면역 기능이 떨어져 건강을 해치고 염증과 심장병 등을 유발하며, 주의력 결핍으로 산만해지고 조현병이나 우울증이 생기기도 한다.

믿음과 관련된 두 번째 신경전달물질은 세로토닌이다. 세로토닌 신경은 시상하부, 대뇌의 변연계를 중심으로 뇌 전체에 뻗어 있으며 신경말단에서 세로토닌을 방출하여 행복감을 느끼게 한다. 그래서 세로토닌은 행복한 신경전달물질로서 천연 항우울제라는 별명을 가지고 있다. 프로작과 같은 우울증 치료제는 세로토닌이 잘 흡수되도록 도와주는 약이다.

도파민이 분비될 때는 연인들이 격정적인 사랑에 휩싸이지만, 세로토닌이 분비될 때는 안정적이고 평화로운 느낌으로 살아가는 것에 비유할 수 있다. 세로토닌이 부족한 사람들은 매사의 걱정이 많아 불안감을 느끼고 공격적이며, 화를 참지 못하고 충동 조절이 어려우며, 의욕을 상실하고 우울증에 빠지게 된다. 또한 음식에 집착하는 폭식증이나 불면증, 자살 충동에 빠지기도 한다.

마지막으로 믿음과 관련된 신경전달물질은 옥시토신이다. 옥시토신은 여성들의 출산 과정에 통증을 완화시키고 자궁을 수축시키며 모유가 잘 나오도록 촉진시켜 주는 모성 호르몬으로 알려져 있다. 옥시토신은 사랑의 묘약으로 불리는데, 인간관계나 호감과 애정을 갖게 하는데 가장 대표적인 것이 모성이다. 옥시토신은 정서적인 유대감에 큰 영향을 미치고, 친근하고 다정하며 신뢰감 있는 관계 형성에 관여하여 스트레스를 줄이고 불안감을 낮춘다. 그러나 옥시토신 수치가 낮아지면 분리불안이나 거식증, 불감증을 일으킨다.

믿음은 도파민을 분비시켜 쾌감을 느끼게 하고, 세로토닌을 분비시켜 행복을 느끼게 하며, 또 옥시토신을 분비시켜 사랑을 갖도록 한다. 스트레스를 받고 살아가는 현대인들에게 믿음은 뇌 전체에 영향을 주어 뇌를 위로해주고 용기와 희망을 주는 정신생물학적인 기능을 담당하는 신경전달물질을 통해 삶을 이롭게 한다.

"가라사대 너희 믿음대로 되리라." (마태복음 9:29)

믿음의 기도는 평온하고 안정된 뇌파를 발생한다

뇌의 활동으로 발생한 전류를 뇌파라 말한다. 기도나 명상을 할 때 어떤 이는 깊은 희열을 느꼈다고 하는데, 이는 도파민의 수치가 올라간 증거이고, 어떤 이는 안정과 평화스러움을 느꼈다고 하는데 이는 세로토닌의 화학적 변화가 활성화되었다는 증거이다. 그러면 과연 우리가 기도하거나 명상할 때, 뇌의 어느 부위에서 뇌파 또는 화학적 변화가 나타나는지를 주목할 필요가 있다.

기도나 명상시 나오는 뇌파는 알파파로서 8~13헤르츠 정도인데, 머리가 제일 맑고 긴장이 완전히 풀리거나 이완된 상태에서 발생하는 뇌파이다. 뇌파는 그 주파수와 진폭에 따라 분류한다.

첫째는 가장 느린 뇌파인 델타파로 0.2~4헤르츠로서 깊은 수면 중에 발생되는 뇌파이다.

둘째는 잠이 막 들기 전에 발생되는 느린 뇌파인데 4~8헤르츠로 졸음파로 알려진 세타파로서, 꾸벅 졸 때나 꿈꾸는 듯한 이완상태에서 발생되는 뇌파이다.

셋째는 긴장이 완전히 풀리고 이완된 상태에서 발생되는 안정파로 알려진 알파파로서 8~13헤르츠의 뇌파이다. 평온하고 안정된 때, 학습에 집중할 때, 쾌적한 상태에 있을 때 나타나는 뇌파이다.

넷째는 하루 활동할 때 나타나는 베타파로 13~30헤르츠의 스트레스파로서 긴장, 불안, 흥분상태, 공부나 일 등 정신적 작업을 할 때 발생되는 뇌파이다. 이 베타파는 우리가 이야기하고, 듣고, 만져보고, 바라보고, 냄새 맡고, 오감으로 사물을 알아차릴 때 빠르게 움직이는 뇌파이다. 하루 생활을 할 때 대부분의 사람들은 긴장과 불안의 베타파 상태를 유지한다. 델타파나 세타파는 잠이 들 때나 꿈을 꿀 때만 나타난다.

다섯째는 복잡한 인지적 활동을 할 때 나타나는 아주 빠른 고주파인 감마파로서, 30헤르츠 이상을 유지하여 극도의 각성과 흥분 시에 발생하는 뇌파이다.

뇌파의 변화가 가장 큰 부위는 전두엽인데, 그 중에서도 이마 제일 앞쪽의 전전두엽이다. 전두엽은 인간의 뇌 부위 중에서도 가장 인간다운 기능을 하는 곳으로 지각하고 판단하고 계획하는, 뇌의 CEO 역할을 하는 곳이다.

그런데 알파파의 원천은 더 깊은 곳에 있다. 바로 뇌간 망상체 부활계이다. 여기에 자극이 가해지면 망상체의 활동이 활발해지고 활동신호가 발사되어 대뇌피질의 각 부분으로 전달된다. 그 자극에 의해 신피질이 활동한다. 반대로 부활계가 휴식하고 있을 때는 신피질의 자극이 발사되지 않고 두뇌 활동은 휴식으로 들어가게 된다. 깨어 있을 때와 잠들어 있을 때의 뇌파 차이는 여기에서 비롯된다고 보는 것이다.

알파파에도 3종류가 있다. 우리가 잠들기 전, 멍 해졌을 때의 주파수는 7~8 헤르츠로 비교적 낮다. 이를 슬로우 알파라 부른다. 어떤 재미있는 소설을 읽고 있어서 누가 불러도 들리지 않을 때 나오는 주파수는 12헤르츠 이상으로 아주 높은 진동을 보이는데, 이를 패스트 알파라 한다. 주로 절체절명의 궁지에 빠져 심신이 모두 극도의 긴장에 이를 때 나타나는 뇌파이다.

그 중간인 9~11헤르츠 상태를 미드 알파라 부른다. 이 미드 알파 상태가 반짝 사고나 기억의 회상에 크게 위력을 발휘한다. 바둑이나 장기에 열중했을 때, 또 연주자가 어떻게 연주할지를 구상하고 있을 때도 미드 알파가 나온다. 이 미드 알파는 독창성이나 상상력과 관계가 있어서 믿을 수 없을 만큼 큰 능력을 발휘한다. 끊임없이 미드 알파파 상태를 유지하기는 곤란하며 가장 중요한 때 미드 알파파 상태를 만드는 것이 중요하다. 미드 알파 상태가 되면 그 누구도 받을 수 없을 만큼의 뇌력을 발휘한다. 그래서 믿음의 기도는 능력을 발휘하기도 한다.

뇌가 이완된 상태에 있을 때, 어떤 문제를 생각하다보면 순식간에 미드 알파 상태가 되어 아이디어가 떠오른다. 스트레스 상태에서는 베타파가 움직이기 때문에 어떤 아이디어도 떠오르지 않는다. 우리가 막 잠을 자려고 휴식하며 멍청하게 있을 때는 슬로 알파가 나오는데, 흔히 이를 세타파라고도 부른다. 이때 어떤 문제에 집중하면 미드 알파 상태로 되어 무언가가 반짝 떠오르기도 한다.

믿음의 기도는 알파파를 발휘한다. 알파파는 심신의 건강을 유지하고 노화를 방지한다. 뿐만 아니라 업무나 공부의 능력을 비약적으로 높여준다. 하나님께 드리는 기도는 이처럼 대단한 위력을 가진 가장 합리적이고 이성적인 행위인 것이다.

놀라운 일이 있다. 보통 인간의 뇌에서 나오는 주파수는 기본적으로 0~30헤르츠이다. 그런데 감마파는 30헤르츠 이상의 빠른 고주파이기 때문에 평범한 사람에게는 거의 보기 드문 일이다. 미국의 신경의학자인 리처드 데이비드슨이 2004년 최소 15년에서 최고 30년간 수도생활을 한 티베트 불교 승려들을 실험했다. 모두 감마파가 나왔다.

다시 말하면 이들이 휴식 중일 때도 명상할 때와 거의 비슷한 감마파가 지속적으로 유지된 것이다. 따라서 명상이나 수행을 하면 뇌가 변하며, 이 때문에 오랜 수도생활을 통해 평상시에도 행복감과 평화스러움을 느끼며 살아갈 수 있다.

2012년 40년간 무려 4만 시간의 수행을 한 프랑스 출신의 승려인 마티유 리카르는 보통 사람의 무려 8배에 달하는 감마파가 측정되어 세계에서 가장 행복한 뇌를 소유한 사람으로 기록되었는데, 그 행복 영역이 바로 아주 월등하게 활성화된 좌측 전두엽인 것으로 나타났다.

리카르는 26세에 분자생물학 박사학위를 받았으나, 1972년 27세에 모든 것을 훌훌 던져버리고 돌연 히말라야로 떠나 네팔 세첸사원에서 33세에 승려가 된 사람이다. 그는 1997년 히말라야의 한 외딴 산장에 그의 아버지인 철학가 장 프랑수아 르벨을 만나 그의 대담을 기록한 책 〈승려와 철학자〉로 프랑스에서 베스트셀러가 되었으며, 우리나라는 물론 세계 20여 개 언어로 번역되어 출판되었다.

이처럼 믿음의 생물학적 증거를 통해 하나님에 대한 믿음은 뇌를 위로하고 행복하게 해준다. 믿고 기도하는 것은 뇌 건강에 있어 뇌 활동의 방식뿐만 아니라 뇌의 형태까지 바꿀 수 있는 힘이다. 긍정적인 믿음으로 살면 뇌에서는 기쁨과 사랑의 화학물질이 나와 삶을 건강하게 만든다. 결국 믿고 기도하면 뇌의 기능에도 변화를 주어 건강하고 행복해지는 능력이 나타난다. 기도는 능력이 되는 것이다.

성경은 이렇게 말한다.

"너희가 기도할 때에 무엇이든지 믿고 구하는 것은 다 받으리라." (마태복음 21:22)

"믿음의 기도는 병든 자를 구원하리니" (야고보서 5:15)

왜냐하면 기도는 하나님의 능력이면서 또 한편 뇌력(알파파)을 발생시키기 때문이다.

■ 성경은 생각의 뇌를 말한다

"마지막으로 형제들아, 무엇이든지 참되고, 무엇이든지 경건하고, 무엇이든지 의롭고, 무엇이든지 거룩하고, 무엇이든지 사랑할 만하고, 무엇이든지 칭찬할 만하고, 무슨 덕이나 무슨 칭찬이 있거든 이것들을 생각하여라."(바른성경) (빌립보서 4:8)

Finally, brethren, whatever things are true, whatever things are noble, whatever things are just, whatever things are pure whatever things are lovely, whatever things are of good report, if there is any virtue and if there is anything praise-worthy-meditate on these things. (NKJ)

인간은 생각하는 존재이다. 그래서 늘 생각하고 하루를 선택하고 행동하며 살아간다. 그런데 오늘날 과학자들의 연구결과에 의하면 정신질환이나 질병, 행동장애 중 75~98%는 그 원인이 '사고방식'(매일의 생각)에 있으며 20~25% 정도만 환경이나 유전에 의한 질병이라고 한다.

이처럼 사고는 많은 질병의 원인으로 작용되고 있다. 이미 상담심리치료에서는 사람의 부정적 사고, 왜곡된 사고, 비합리적 사고가 우울증, 불안, 분노, 중독 등의 정신장애를 일으키는 것으로 여기고 상담과 심리치료에 적용하고 있다. 사고 즉, 생각이 우리 몸에 어떻게 작용하는지를 신경생물학적 입장에서 그 원리를 성경 속에서 찾아본다.

생각은 대뇌피질의 기능이다

대뇌의 신경세포는 150억 개에 이른다. 대뇌는 전체 뇌 부피의 80% 이상을 차지하며, 그 중에서도 가장 바깥쪽을 둘러싸고 있는 대뇌피질은 성격, 창조성, 의식 등에 관여한다. 대뇌피질은 사람과 다른 동물의 차이를 결정짓는 주역이기도 하다. 어떤 것을 생각하고 선택하여 결정하고 행동으로 옮기는 데는, 7~10초 사이면 뇌는 활동하기 시작한다.

대뇌피질은 네 부분으로 나누어져 있다. 머리 앞쪽 이마 부위를 전두엽, 정수리를 두정엽, 머리의 측면을 측두엽, 뒤통수 쪽을 후두엽이라고 한다. 전두엽은 책임감, 야망, 창조성 등 인간 고유의 고차원적인 심리를 창출해낸다. 측두엽은 청각을 통해 언어를 이해하고, 형태와 그림을 인식한 후 모든 정보를 축적한다.

전두엽과 측두엽을 합쳐서 '연합영역'이라고 부르는데, 연합영역 중에서도 앞쪽에 위치한 전두연합영역은 인간의 이성이 탄생하는 부위이고 자아중추가 있는 부위이다. 후두엽은 눈으로 받아들인 시각 정보를 축적한다. 그리고 두정엽은 사물에 닿았을 때 감각과 통증을 느끼거나 근육의 수축을 조절한다. 후두엽과 두정엽은 '감각영역'이라고 부른다.

생각은 DNA 구조를 변형시킨다

생명은 세포로 구성되어 있으며 세포의 핵 속에 DNA가 있다. 전체적인 생명 분사의 흐름은 DNA→RNA→단백질로 이어진다. DNA가 RNA를 만들고 RNA가 단백질을 만들어 세포의 운명을 결정한다. 실제로 '생각'에 의해 DNA가 변형된다는 사실이 과학 연구를 통해서 밝혀졌다.

우리가 미래에 대해 부정적인 생각을 품는다면, 그 유해한 생각이 우리의 뇌에 변화를 일으킨다. 그러면 우리의 뇌는 부정적인 방향으로 '접속'되고 이후 부정적인 사고가 진행되어, 이로 인해 우리의 몸과 마음은 스트레스 상태에 빠져, 결국 스트레스는 우리 몸에 내재된 신체 본연의 치유 능력에 악영향을 끼친다. 그래서 심신의 질병 중 75%가 스트레스에 기인하는 것이며, 결국 유해한 생각은 우리의 뇌를 병들게 하는 것이다.

최근 연구결과에 의하면 분노, 공포, 좌절 등의 부정적인 감정도 DNA의 변화에 직접적인 영향을 미치는 것으로 밝혀졌다. 즉, 우리의 생각과 감정에 의해 DAN 구조가 변화된다는 것이다. DNA의 변화는 곧 단백질의 변형으로 연결되는데, 최근 학자들은 보통사람의 98%가 단백질의 고장으로 질병이 발생하고 2% 정도는 선천성 유전질환으로 발생한다고 주장하고 있다.

생각은 유전자의 활성을 좌우한다

유전자가 들어있는 본체가 DNA로 세포핵 속에 들어 있다. DNA에는 유전자들이 약 25,000개 있고 이들 유전자로 인해 단백질이 만들어져서 사람이라는 구조를 만든다. 현재 많은 연구자들은 DNA 속의 유전자 90% 정도가 체내와 체외 환경에서 발생하는 신경신호에 의해 활성화될 것이라고 추정하고 있다. 실제로 유전자가 망가져서 생기는 암은 전체 암의 20% 정도이고 나머지 80%는 유전자는 멀쩡한데 유전자 발현을 조절하는 데 문제가 생겨서 발병하는 것으로 보고 있다.

세포의 기능을 결정하는 것은 DNA 개체가 아니라 DNA로부터 생성된 유전자산물로, 이것이 단백질과 RNA이다. 그래서 단백질이 세포의 기능을 결정한다. 유전자들이 여러 개 있으면 거기에 RNA가 만들어지는 단백질이 생성된다.

생각은 단백질을 만들어낸다. 어떤 종류의 단백질이 얼마나 만들어지느냐에 따라 세포의 성질이 결정된다. 그런데 유해한 생각을 품게 되면 건전한 생각을 품을 때 형성되는 단백질과 모습도 다르고 기능도 다르다. 특히 당단백질은 세포막에 글리코 영양소인 8당(8가지 필수 탄수화물)이 있어 세포 간의 교신과 세포면역에 중요한 역할을 한다. 또한 글리코 영양소는 항체 기능과 항암 세포의 성장 및 전이를 억제하고 대사관계와 호르몬 조절 기능을 하여, 상처와 스트레스로부터 보호하고 줄기세포 활성화와 중추신경계에 관여하면서 건강을 유지시킨다.

생각은 강력한 신경신호를 만들어낸다. 신경신호는 세포막을 통과하여 세포핵에 도달한다. 그 후 신호는 염색체 안으로 들어가 DNA나 선모양의 끝을 활성화시킨다. 그런데 유해한 사고는 신경신호의 형성을 막고 유전자 발현 과정에 문제를 일으켜, 바람직한 단백질의 모습으로 형성되지 못하도록 단백질을 변형시킨다. 유전자 발현 과정이 올바르지 않으면 DNA가 변형된디.

우리 안에 크랩 유전자로 불리는 일종의 스위치 유전자가 있는데, 생각(사고)을 통해 우리는 크랩 유전자의 스위치를 올리기로 선택하는 것이다. 그러니까 생각은 신경신호가 된다.

어떤 정보가 전기적 · 화학적 신호의 형태로 뇌의 전두엽에 도달하면 그 신경신호는 고도로 증폭되고 활성된다. 이때 자극으로 인해 세포 안에 특별한 단백질이 방출되고 크랩 유전자 스위치는 'on' 상태가 된다. 마치 우리가 전기 스위치를 켜고 내리는 것처럼 크랩 유전자의 스위치를 올리고 내리기로 선택할 수 있는 것이다.

우리가 부정적인 결정을 내릴 때에도 DNA는 변형된다. 유해한 생각에 잠길 경우, 이를테면 누군가를 용서하지 않겠다는 생각, 원한, 짜증, 혹은 현재 잘 살고 있지 못하다는 느낌 들을 마음에 품을 때 유전자 발현 과정이 올바르지 않아, 결과적으로 체내 DNA는 변형된다. 또한 DNA 변형은 유전 정보 발현 과정에도 영향을 준다. 이러한 변화는 결국 뇌 구조를 부정적인 방향으로 변형한다.

그런데 여기 놀라운 사실이 있다. 부정적인 감정이나 DNA 코드가 비활성되어 참혹한 상태에 놓여 있을 때, 사랑이나 기쁨, 존중이나 감사 등의 긍정적 감정으로 이것을 만회할 수 있다는 것이다. 긍정적인 생각과 행복한 감정을 품은 HIV(에이즈바이러스) 양성 환자들의 경우, 그렇지 않은 환자보다 30만 배나 더 높은 면역 수치를 보인 연구 결과도 있다. 이 연구에서 전하는 중요한 메시지는 "우리가 '하나님의 형상대로'(창세기 1:26) 즉 본연의 설계대로 사랑을 주고받는다면 면역세포가 늘어나 우리의 삶은 더 나아지며 심지어 체내 DNA 구조까지 향상시킬 수 있다."는 것이다.

인간의 뇌는 반응에 의해 조형된다

우리는 삶의 다양한 사건을 경험하기도 하고 외부 환경의 자극에 끊임없이 반응한다. 이처럼 '자극과 반응' 사이클이 지속될 때 우리의 뇌가 조형되는데, 삶의 질을 향상시키는 방향으로 조형되기도 하고 반대로 삶의 질을 떨어뜨리는 부정적이고 유해한 방향으로 조형되기도 한다. 결국 우리의 뇌는 생각과 선택(의식)과 반응에 따라 긍정적으로든 부정적으로든 변화되는 것이다. 이 과정을 가리켜 '뇌 조형(Brain Architecture)'이라고 한다. 그런데 이 용어에는 뇌 구조의 변화에 따라 몸과 마음의 건강 상태가 짐작되거나 악화된다는 역학적 설명도 내포되어 있다.

성경과 과학 모두가 보여주는 사실은 우리가 서로 사랑하고(요한3서 4:12) 항상 기뻐(데살로니가전서 5:16)하면 뇌가 건강하게 반응한다는 것이다. 만일 우리가 부정적인 생각을 품고 부정적인 선택을 한다면 생각의 질은 현저히 떨어질 것이다. 바꿔 말하면, 뇌 조형의 질이 낮아진다는 뜻으로 병리적인 관계뿐 아니라 정신적 문제, 육체적인 질병에도 영향을 끼치는 것이다.

뇌는 나의 생각과 감정을 지배할 수 있는 능력이 없다. 뇌는 나의 생각을 그대로 따를 수밖에 없다. 좋은 생각, 긍정적인 생각을 하면 뇌는 그렇게 되고 우리 몸이 세포도 건강해신다(육체적 건강). 나의 생각이 DNA의 구조를 변형하고 나의 생각이 단백질의 고장을 일으키고 나의 생각이 유전정보의 발현 과정에 영향을 준다. 부정적인 생각이 우리 몸의 근본인 세포 건강에 영향을 끼친다. 즉, 나의 부정적 생각은 육체적 질병과 정신적 질병을 일으키는 것이다.

생각은 뇌의 스위치를 켜는 일이다. 하루 5~16분 정도라도 묵상하고 기도하거나 부정적인 정서를 제어하고 집중하면 뇌의 전두엽이 개선되어 건강하게 살아갈 수 있다. 그러므로 좋은 생각, 이로운 생각을 하는 것이 전인건강, 정신건강의 비결이 된다. 성경에는 우리가 행복하고 건강하게 살기 위한 생각의 지침서가 이렇게 기록되어 있다.

"마지막으로 형제들아, 무엇이든지 참되고, 무엇이든지 경건하고, 무엇이든지 의롭고, 무엇이든지 거룩하고, 무엇이든지 사랑할만하고, 무엇이든지 칭찬할만하고, 무슨 덕이나 무슨 칭찬이 있거든 이것들을 생각하여라."(바른성경) (빌립보서 4:8)

▪ 성경은 감사의 뇌를 말한다

"사람이 감사로 말미암아 은혜가 더하여 넘쳐서 하나님께 영광을 돌리게 하려 함이라." (고린도전서 4:15)

우리의 삶은 에너지이다. 이 에너지는 파동으로 전달된다. 우주 만물은 각기 고유한 파동이 있으며 사람마다 그 사람만의 고유한 파동이 있다. 내 마음 속에 떠도는 생각에도 파동이 있으며, 불쾌한 느낌에도 파동이 있다. 날마다 입으로 하는 말에도 파동이 있고, 듣는 음악에도 파동이 있다. 또한 감사도 에너지이기 때문에 파동으로 전달되며 이 파동은 대단한 힘을 가지고 있다.

우리의 생각이나 느낌, 그리고 음악이 물의 결정체에 어떤 영향을 미치는가를 고성능 현미경으로 촬영하여 그 얼음의 결정체를 연구한 보고가 있다.

물을 얼려 튜브에 넣은 다음 앞에 놓고 '사랑과 감사'라는 단어를 말하였다. 그런 다음에 동일한 조건 하에서 아무 말도 하지 않은 물의 결정체와 비교해 보았다. 아무 말도 하지 않고 얼린 튜브는 흐리고 불투명한 모습을 보는 반면에 '사랑과 감사'라는 단어를 사용한 물의 튜브에서는 그 결정체가 규칙적이면서도 선명하고 정교한 아름다운 레이스 모양을 하였다.

또 다시 물을 실험하였는데, 이번 실험에서는 "너는 내게 깊은 상처를 주었어, 너를 죽여버릴거야."라고 말을 건넨 후 물의 반응을 관찰하였다. 그 물의 결정체는 뒤틀리고, 파괴되고, 분열된 상태였다. 물의 결정체에 매우 부정적인 영향을 미친 것이다. 이처럼 몇 마디 말로도 물의 결정체에 영향을 미치는데, 하물며 강력한 힘을 가진 감사라는 용어는 우리의 삶에 지대한 영향을 끼친다는 것이다.

신경과학자에 의하면 감사한 기분을 느낄 때 뇌의 혈류량이 크게 증가해 뇌의 활동이 활발해지고 모든 몸의 부위가 최적의 기능을 발휘한다고 한다. 그리고 뇌의 대상회 전부와 좌뇌 간의 신경절의 활동이 원활하고 집중력이 높아지며 한 생각에서 나른 생각으로 쉽게 전환하고 기억력도 증대된다. 뿐만 아니라 의욕이 넘치고 신체기관이 활발하게 상호 협력해 나간다는 것이다.

그러나 부정적인 생각을 하면 소뇌의 기능이 거의 정지되고 뇌의 혈류량이 전체적으로 감소되어 우측의 좌뇌 피질의 활동이 일시적으로 감소된다는 사실을 발견하였다.

부정적 생각은 심리적으로 결국 분노, 적개심, 실망감, 근심, 불안감, 우울증과 같은 부정적 감정을 유발시켜 부정적이고 파괴적인 행동을 보이도록 유도한 것이다. 부정적 감정일 때는 뇌의 변연계의 편도체와 우측 전전두피질의 과잉활성화를 보게 되고, 반대로 낙관적인 감정일 때는 좌측 전전두피질이 정상적으로 활성된다. 부정적인 감정은 스트레스호르몬인 코르티솔을 분비시켜 몸을 위축시키며 병을 만들어낸다.

감사는 우리 몸의 기본 기관인 심장과 뇌에 그대로 영향을 미친다. 그래서 감사하는 마음을 가지면 심장 박동이 규칙적이고 주기적이며 균형 잡힌 파장을 내보낸다. 따라서 감사는 평온하고 일정한 심장 박동으로 심장 혈관의 건강에 도움을 준다. 또한 면역 기능을 향상시키고 신경계의 기능을 원활하게 만들며 호르몬의 균형을 불러일으킨다.

감사는 에너지이다. 이 에너지는 파동으로 전달된다. 그래서 감사를 심으면 공명의 힘에 의해 더 큰 감사를 만들어낸다. 자신의 존재를 소중히 여기는 마음을 가질 때 자신에 대한 감사가 나오고, 다른 사람에 대한 존재 자체를 존경하는 마음을 가질 때는 타인에 대한 감사가 나오며, 환경이나 직장에 대해 감사를 가질 때 우리는 진정한 삶에 대한 감사를 누리게 된다. 그리스도인은 하나님께 늘 나 자신과 타인, 그리고 환경에 대해서 진심으로 감사하는 생활을 누릴 때, 그 감사는 결국 넘치는 축복을 받게 되며 하나님께 영광을 돌린다.

성경은 이렇다.

"은혜가 많은 사람의 감사함으로 말미암아 더하여 넘쳐서 하나님의 영광을 돌리게 하려 함이라." (고린도후서 4:15)

"만일 내가 감사함으로 참예하면, 어찌하여 내가 감사하다 하는 것에 비방을 받으리요.' (고린도전서 10:30)

"그래서 먹든지 마시든지 무엇을 하든지 하나님의 영광을 위하여 하라." (고린도전서 10:31)

■ 성경은 가소성의 뇌를 말한다

"대저 그 마음의 생각이 어떠하면 그 위인도 그러한즉" (잠언 23:7)

뇌는 일생동안 재조직된다

1930년, 스페인의 과학자 산티아고 카할은 신경회로는 고정되어 있고 변하지 않는다는 내용으로 논문을 발표했다. 그러나 오늘날 수많은 과학자들은 뇌가 일생동안 재조직된다는 사실을 믿고 있다. 우리의 뇌는 스스로 그 자체의 구조와 기능을 바꿀 수 있다는 것이다. 가소성(Plasticity)이란 경험이나 환경에 의해 뇌의 신경계가 변화된다는 뇌의 유연성을 일컫는 말이다.

뇌의 이러한 가소성의 기능 때문에 인간은 긍정적인 삶이 될 수도 있고 자칫 부정적인 영향을 끼칠 수도 있다. 뇌의 가소성의 발견은 결국 치유와 건강에 유익을 주는 놀라운 발견이기도 하다. 뇌는 어떤 환경이나 자극 그리고 경험에 의해 변할 수 있는 가소성의 기능 때문에 심리장애나 정신장애의 상담을 통한 치유적 회복을 가능하게 된다.

생각은 뇌의 가소성을 크게 구축한다

긍정적인 생각을 가지고 있으면 뇌의 가소성 기능에 의해 뇌는 긍정적으로 삶을 살아가게 된다. 부정적인 생각을 가지고 있으면 뇌의 가소성 기능에 의해 뇌는 그대로 부정적인 삶을 살아가게 된다.

그래서 정경은 일찍이 이를 증거하고 있다. 잠언 23:7이 "대저 그 마음의 생각이 어떠하면 그 위인도 그러한즉"이라고 하였다. "As he thinks in his heart, so is he" 이 말은 생각하는 대로 되어진다는 것이다. 부정적인 생각으로 사물이나 사건을 인식하면 뇌는 부정적인 행동을 야기하게 된다. 불안이나 우울 등이 바로 부정적으로 생각해서 발생되는 것이다.

스트레스는 뇌의 가소성을 나쁘게 한다

천재지변이나 참사 등 외상을 경험하여 병을 앓고 있는 외상 후 스트레스장애(PTSD)의 환자들을 보면 뇌의 신경가소성은 그의 삶에 엄청난 피해를 끼치는 것을 보게 된다. 충격적인 사건을 체험한 후 대부분의 환자들은 기존에 인식했던 삶의 의미를 송두리째 바꿔버려 파괴적인 삶을 살아가게 만든다. 이러한 것은 외상이라는 엄청난 스트레스가 뇌의 신경가소성 기능으로 인해 뇌의 구조가 변질되고 그 기능도 변했기 때문이다.

충격적인 스트레스와 경험의 기억이 지속되는 동안 환자는 내내 평안한 상태를 유지하지 못하게 된다. 이는 불안한 상태에서 생각하기 때문에 올바른 대응을 할 수 없어 고통받게 된다. 사건을 통한 자신의 생각을 부정적으로 옮겨 왔기 때문에 뇌의 가소성에 의해 삶은 파괴적이게 되는 것이다.

머릿속으로 사건을 반복 재생하는 동안 그때의 기억은 마음속 더 깊은 곳으로 파고든다. 이제 그 사건은 뇌 속에서 '필터'의 역할을 개시한 긍정적인 생각을 걸러내며 정상적인 뇌기능을 방해한다. 문득문득 떠오르는 기억들, 하루에도 수십 차례 떠오르는 나쁜 기억들은 부정적인 뇌의 신경회로를 견고하게 구축하므로 상황을 더욱 악화시킨다.

학습이 뇌의 가소성에 영향을 미친다

인간은 신경세포를 상실하기도 하는데 나이가 들면 경험에 의해 뇌의 시냅스를 더 많이 발달시키기도 한다. 피질의 연합 영역에서의 시냅스들은 가소성을 유지할 기능이 더 높아서 경험, 즉 학습에 의해 변화될 수도 있다. 요즘 우리 교육 중에 평생교육은 뇌를 변화시킬 수 있는 좋은 제도이다. 평생교육을 통해 뇌가 발달하게 되고 뇌는 스스로 조직화하는 능력 때문에 뇌의 시냅스를 증가시켜 건강한 뇌의 기능을 하게 된다. 반복학습의 원리도 뇌의 가소성을 이용한 좋은 학습방법이다.

자극에 의해 뇌의 가소성은 영향을 받는다

개인이 일생동안 받은 자극은 끊임없이 시냅스의 형성과 뇌를 재구조화하는 역할을 한다. 예를 들어, 쥐를 대상으로 미로를 헤쳐 나아가도록 훈련시키든가 복잡한 환경에 노출시키면 피질에서 시냅스의 가지가 증가하게 된다. 특히 태어나서 0~3세는 뇌 발달의 절정기이지만 나이가 들어가는 성인기나 노년기에도 뇌의 가소성 원리는 작용되기 때문에 오감을 통한 자극을 주면 시냅스의 형성과 재구조가 일어나게 된다.

하나님의 말씀이나 믿음, 성령의 법은 뇌의 가소성을 변화시킨다

뇌가 마음속의 생각을 바꾸는 것이 아니라 활발한 마음의 생각이 뇌의 가소성 기능에 따라 능동적으로 작용하여 우리 뇌를 변화시키는 것이다. 뇌는 수동적으로 존재하는 신체의 일부이다. 말씀이나 믿음, 성령의 법을 따르면 뇌를 변화시킨다. "너희는 이 세대를 본받지 말고 오직 마음을 새롭게(로마서 12:2)" 하면 뇌의 가소성은 작용되어 변화된 삶을 살게 된다. 그렇게 되면 하나님의 선하시고 기뻐하시고 온전하신 뜻이 무엇인지 분별하며 살게 된다.

우리가 성령으로 살면 또한 성령으로 행할찌니…말씀처럼
뇌의 가소성으로 인해 성령의 일을 행하게 되며… (갈라디아서 5:25)
우리가 말씀으로 살면 뇌의 가소성으로 인해 반석 위에 인격의 집을 짓는
지혜로운 사람이 되는 것이다. (마태복음 7:24)

PART 7

뇌는 성장인자를 말한다

뇌는 신경영양인자(BDNF)를 말한다

뇌는 섬유아세포인자(FGF)를 말한다

뇌는 IGFI와 VGEF를 말한다

뇌는 신경영양인자(BDNF)를 말한다

뇌에는 BDNF(뇌신경영양인자)라는 신경성장물질이 있는데, 그것은 뇌의 최적 기능을 돕는 역할을 하는 뇌 유래 신경영양인자라는 단백질이다.

사람이 스트레스를 계속 받으면 뇌의 시상하부에서는 CRH(스트레스 호르몬)라는 부신피질자극 방출 호르몬이 분비된다. 이 호르몬의 자극에 의해 뇌하수체로부터 ACTH, 즉 부신피질 자극 호르몬이 나온다. ACTH는 부신피질에 자극을 주어서 스트레스 호르몬인 코르티솔을 분비하게 한다. 이때 BDNF는 CRH의 분비를 억제하는 역할을 하며 결국 CRH는 우울증을 일으키는 호르몬인 셈이다.

뇌의 해마와 대뇌피질에는 BDNF가 가장 많이 분포되어 있다. 해마 안에 BDNF가 많을수록 CRH, 부신피질 자극 방출 호르몬의 분비를 억제시킨다는 사실이 과학적으로 입증되었다.

원숭이의 뇌에 CRH를 주사하면 곧 우울한 상태가 되고, 쥐의 해마에 BDNF를 주사했더니 해마의 활동이 증가되어 우울한 상태가 진정되는 결과를 얻었다. 결국 스트레스 호르몬을 억제하여 우울한 상태를 멈추게 하려면 뇌의 신경영양인자인 BDNF를 생성하게 하는 것이 제일 중요하다.

해마는 새로운 뉴런이 많이 태어나는 부위이다. 갓 태어난 신생 뉴런의 가장 큰 적은 스트레스다. 스트레스가 과도해지면 스트레스 호르몬이 분비되어 신생 뉴런을 파괴해버린다.

해마는 변연계 속해 있으며 변연계가 과잉활성되면 우울증에 걸린다. 해마 안의 BDNF를 증가시키면 CRH를 진정시켜 우울증을 막아주는 역할을 한다.

BDNF는 중추신경계와 말초신경계의 특정한 뉴런(신경세포)에 활동하고 있으며 기존 뉴런의 생존을 도와주는 역할을 한다. 또한 신생 뉴런과 신경접합부(시냅스)의 성장, 분화를 유도하는 데 도움을 주는 뇌신경영양인자이다.

BDNF는 뇌에서 학습, 기억, 높은 사고와 관련된 필수적인 부위인 대뇌피질과 해마 그리고 기저전뇌에서 활동하며, BDNF 자체가 장기기억에도 중요한 역할을 담당한다.

뇌의 신경영양인자인 BDNF가 늘어나는 원리를 이해하는 것은, 우울증을 예방하고 치유하는 데 중요한 과제이며, 바로 해마와 관련된다.

우선, 운동을 하면 BDNF가 증가한다. 운동으로 땀을 흘리면 뇌의 영양인자가 늘어나서 스트레스 호르몬의 분비를 감소시켜 우울증을 완화시킨다.

둘째는 사랑을 하면 BDNF가 늘어난다. 성 호르몬의 분비를 야기하여 해마의 움직임이 커지게 되고 BDNF를 증가시키는 동시에 시상하부에 직접 영향을 주어 CRH의 분비를 억제한다. 따라서 사랑을 하면 예뻐진다는 것은 바로 뇌에 BDNF가 많이 생겨서 생기 있어 보이고 예뻐 보이는 것이다.

"사랑 안에 두려움이 없고 온전한 사랑이 두려움을 내어쫓나니" (요한1서 4:18)

두려움은 곧 불안이요, 불안을 치료하는 유일한 길은 온전한 사랑이라는 것을 증거한다. 이러한 사랑이 BDNF를 생성케 하여 스트레스를 막아주고 정신건강을 유지시켜준다.

우울증을 치료하는 프로작과 같은 항우울제나 전기충격요법은 뇌의 BDNF의 활동을 증가시켜 해마의 위축을 막아주고 보호함으로써 치료효과를 높이며, 운동과 사랑은 해마의 BDNF를 증가시켜 스트레스를 막아서 해마의 기능을 회복시켜주어 우울증이나 치매를 예방하고 치료하는 원동력이 된다.

뇌는 섬유아세포성장인자(FGF)를 말한다

아침식사는 에너지원의 근본인 포도당을 공급한다. 현대인들은 여러 가지 이유로 아침을 거르는 일이 많아지는데, 아침식사는 뇌를 건강하게 하는 지름길이며 그로 인하여 하루일과를 행복하게 만든다.

아침에 일어나면 우리 몸의 체온은 낮은 편이다. 따라서 뇌의 온도가 우리의 체온과 거의 비슷하기 때문에 아침식사를 함으로써 체온을 0.5도 가량 높여서 우리 몸을 조절하게 된다. 체온은 우리가 일어나서 활동하게 되면 자연이 올라가지만 아침식사를 함으로써 더 빨리 뇌를 활동하게 하는 것이다. 뇌의 유일한 에너지원은 포도당이다. 뇌에는 포도당을 저장할 만한 곳이 없다. 그래서 수시로 이를 공급해 주지 않으면 안 된다.

포도당은 간에 글리코겐으로 비축되어 있다가 뇌에서 배가 고프다는 신호가 오면 재빨리 포도당으로 변하여 뇌에 공급함으로써 뇌는 활동을 가능하게 한다.

그런데 간에 비축해 놓는 포도당은 고작 12시간에 불과하다. 12시간이 지나면 예비 포도당은 사라져 버린다. 저녁 7시에 식사했다면 아침 7시에는 모두 고갈되어 없다는 뜻이다. 이때 아침식사를 거르면 뇌에 포도당이 결핍되어서 힘이 없고 기진맥진하여 일을 할 수 없는 것이다.

식사 후 위장의 음식물이 소화되고, 영양분이 흡수되어 혈액 속에 포도당이 증가되어서 포만감을 느끼게 된다. 영양분이 가득한 혈액이 뇌에 들어가지 않으면 아무런 의미가 없다.

아침식사는 FGF(fibroblast growth factor, 섬유아세포성장인자)의 공급원이 된다. 뇌의 기능은 식사 후 2시간 정도가 지나면 더욱 활발히 움직인다. 혈액 속의 포도당이 늘어나면 신경영양인자인 FGF가 증가해서 뇌세포, 특히 해마가 활성화된다. 식사 2시간 정도가 지나면 절정을 이루고 이때 FGF는 평소의 7배까지 증가한다.

FGF가 해마의 뇌 신경세포를 자극하며 고유의 기능인 '기억의 고정화'가 활발히 진행되어 기억력이 좋아지고 수리력과 창의력이 샘솟게 된다. 그래서 식사를 마치고 좀 휴식을 취한 다음 2시간 뒤부터 공부를 하면 평소보다 능률이 두 배 이상 상승하는 것이다. 이런 이유로 오전 10~11시 경에 진행하는 업무가 가장 효율적인 셈이다.

이처럼 뇌의 원리와 기능을 알면 모든 것이 좀더 쉬워진다. 식사가 뇌에 미치는 영향을 알게 되었다면 최고의 효과를 내기 위해서 시험 전 2시간 전에 식사를 끝내야 하고, 머릿속의 지식을 얼마나 채워 넣느냐보다는 뇌의 컨디션을 최고로 만들어주어, 지식이 얼마나 오래 기억되게 하느냐에 중점을 둔다.

포도당은 탄수화물의 분비에 따라 생성되므로 밥이나 빵, 콘플레이크 등의 아침식사를 하는 것이 좋다. 식사를 하면 혈당이 올라가는데, 식사 때에는 최대한 많은 혈액을 뇌로 보내야 된다. 그렇기 때문에 과식하지 말고 식사를 꼬박꼬박 하는 습관이 가장 좋다.

음식물은 천천히 씹도록 한다. 음식을 씹을 때마다 대뇌신경세포가 활발히 움직이며 대뇌의 뇌간 망상체가 각성된다. 특히 오징어나 쥐포 등을 질근질근 씹는 것은 뇌의 혈류량을 늘리는 데 매우 효과적이며, 씹으면 씹을수록 뇌의 혈류량은 증가한다. 따라서 식사는 급히 해치우기보다 음식물을 천천히 씹으며 음미하는 습관을 갖는 것이 뇌 건강에 도움이 된다.

오늘부터라도 우리는 아침식사는 반드시 하며, 식사할 때마다 음식물을 이전보다 3~4배 더 많이 씹어서, 뇌도 깨우고 혈류량을 증가시켜 행복한 하루를 시작하도록 하자.

■ 뇌는 IGFI와 VGEF를 말한다

1) IGF1 (Insulinlike Growth Factor, 인슐린유사성장인자)

· IGF1(인슐린유사성장인자)는 BDNF를 돕는 역할을 한다.

· 운동을 통해 근육을 움직일 때 간에서 방출된다.

· 근육과 뇌를 비롯한 생체의 모든 세포는 포도당을 으뜸 에너지원으로 하여 살아간다.

· 인슐린은 그 에너지원을 관리하는 호르몬이다. 한편 인슐린과 닮은 꼴 분자인 IGF1(인슐린유사성장인자)은 에너지원 관리보다는 학습에 관여하고 있다.

· IGF1은 신경세포에 포도당 공급을 돕고 세로토닌의 생성을 돕는다.

· BDNF를 찾아내는 수용체의 수를 늘리고 시냅스를 강화시킨다.

처음에는 인슐린유사성장인자(IGF1)가 뇌의 검문소인 혈액 뇌관문을 통과할 수 없기 때문에 뇌에서 활동이 불가능한 것으로 여겨왔다. 그러나 이 추측은 잘못된 것임이 밝혀졌다. 즉 혈관내피세포(VEGF)가 혈액뇌관문을 억지로 열면 그 틈을 통해 인슐린 유사성장인자(IGF1)가 뇌 속으로 들어간다는 것이다. 뇌로 들어간 인슐린 유사성장인자는 신경세포에 작용해서 포도당이 원활하게 공급되도록 돕는다. 이 밖에도 인슐린 유사성장인자는 신경세포의 표면에서 BDNF를 찾아내는 수용체의 수를 늘려주고 시냅스를 강화하는 막중한 사명을 갖고 있다.

인슐린유사성장인자가 BDNF의 수용체를 늘림으로써 BDNF의 효과가 높아진다. 요컨대 조연인 인슐린유사성장인자가 주연인 BDNF를 도와서 신경세포의 성장을 촉진시키고 시냅스를 강화하며 뇌에 기억을 고정시킨다.

2) VGEF (Vascular Endothelial Growth Factor, 혈관내피세포성장인자)

새로 신경세포를 만들거나 신경세포에 에너지원을 공급하려면 혈액이 영양소와 산소를 뇌로 실어 날라야 한다. 이 혈액을 실어 나르는 것이 모세혈관인데, 이 모세혈관을 만들 때 꼭 필요한 물질이 1983년 쥐의 복수에서 분리한 당 단백질인 혈관내피세포성장인자(VGEF)이다.

이 혈관내피세포성장인자가 혈관투과성을 높여준다는 사실이 확인되었는데, 실제 혈관내피성장인자가 혈액 뇌관문을 열어서 인슐린유사성장인자(IGF1)의 뇌 출입을 돕는다. 그래서 운동으로 산소가 소비되어 근육 내 산소가 부족할 때 혈관내피세포성장인자(VEFG)가 방출되어 새로운 모세혈관을 만들어내는 것이다.

〈 신경세포의 탄생·성장·시냅스 형성의 열쇠가 되는 4가지 팹티드 〉

팹티드 호르몬의 이름	활동
BDNF 뇌유래신경 성장인자	신경세포를 성장시킨다. 시냅스를 만든다.
IGF1 인슐린유사 성장인자1	신경세포에 포도당 공급을 돕는다. 세로토닌 생성을 돕는다. BDNF를 찾아내는 수용체의 수를 늘린다. 시냅스를 강화한다.
VEGF 혈관내피세포 성장인자	혈관 투과성을 높인다. 혈액뇌관문을 연다.
FGF 섬유아세포 성장인자	시냅스를 강화한다.

사토시(Satoshi, 2010)

PART 8

뇌는 4대중독을 말한다

뇌는 약물중독을 말한다

뇌는 병적 도박을 말한다

뇌는 알코올 의존을 말한다

뇌는 인터넷 · 스마트폰 과몰입을 말한다

뇌는 4대 중독을 말한다

우리 사회를 병들게 하는 4대 중독. 바로 알코올, 마약(약물), 도박, 스마트폰(인터넷 게임) 중독이다.

2011년 정신질환실태 역학조사에서는 국민 100명 중 6명이 4대 중독(알코올, 인터넷, 도박, 마약)으로 추정되며, 2013년도에 발표된 중독포럼에 의하면 인터넷 게임 중독 233만 명, 도박중독 220만 명, 알코올 중독 155만 명, 마약중독 10만 명으로, 4대 중독에 시달리는 이들이 약 618만 명에 달한다고 하였다. 그러나 이보다 훨씬 더 많다는 것이 전문가들의 일반적인 견해이다.

중독으로 인한 사회 · 경제적 비용은 연간 109조 5,000억 원으로 추산되는데, 흡연 10조 원, 암 14조 원과 비교해봤을 때 8~11배의 높은 수치이다. 결국 중독 문제를 계속 방치할 경우 우리 사회가 감당해야 할 부담은 더욱 늘어날 수밖에 없다.

세계보건기구(WHO)에서, 중독은 한번 사용하기 시작하면 자꾸 사용하고 싶은 충동이 느껴지며(의존성), 사용할 때마다 양을 늘리지 않으면 효과가 없고(내성), 사용을 중지하면 신체적으로 견디기 힘든 이상을 일으키며(금단증상), 개인에게 한정하지 되지 않고 사회에도 해를 끼치는 것으로 정의하고 있다.

뇌는 60여 가지의 신경전달물질들이 확인되었는데, 이 중에 주로 중독에 관련된 신경전달물질들은 도파민(Dopamine), 세로토닌(Serotonin), 엔도르핀(Endorphin), 감마 아미노부티릭산(GABA) 등으로 밝혀졌다. 이들은 뇌의 쾌락 센터 부위에서 많이 작용을 해서 중변연 도파민계라고 하는 쾌락 센터를 자극하게 되며, 그 결과 동기부여, 의사결정, 동작, 보상과정, 집중력, 기억력, 학습능력에 밀접한 영향을 주어, 뇌의 이성적인 조절을 기능하지 못하게 만든다.

또한 우리가 많이 사용하는 중독은 애매한 용어로, 비과학적이고 비의학적인 용어이므로 중독이라는 표현보다는 의존이라는 표현이 더 바람직하다.

사람들이 빠지는 의존 과정에 기여하는 심리적 욕구를 살펴보면,

- 근심이나 불안으로부터 도피하려는 욕구
- 죄책감을 줄이려는 욕구
- 자기 환경에서의 지배감이나 권력감의 욕구
- 고통(신체적, 심리적, 영적인)을 피하려는 욕구

이러한 것들이 의존에 더 빠지게 만든다. 이렇게 중독됨으로 인해 사람들은 ① 의존은 우리의 진실한 감정으로부터 떼어 놓아 일종의 도피를 제공하는 목적에 이바지한다는 것이다. 즉 의존은 현실로부터 유리시킴으로써 인생의 진정한 불안을 피하게 해준다. ② 의존은 의존자를 완전히 지배(통제)하며 그 지배력은 모든 논리나 이성을 능가한다. ③ 의존은 언제나 쾌감을 포함한다. 의존적인 행동은 물질이나 활동에 직접 관련되는 모종의 쾌감(자극, 진정, 해방감, 혹은 그 밖에 어떤 즐길 만한 감정)을 반드시 제공한다는 것이다. ④ 의존 행동은 다른 모든 인생의 문제보다 우선순위가 된다. 의존자들은 자기들 의존을 삶의 중심에 놓으며, 그 밖에 다른 모든 것은 주변적인 일에 불과하게 된다. 그로 인해 ⑤ 의존자는 자신의 의존을 부인하게 됨으로써 더욱 더 의존에서 벗어나지 못한다.

이런 의존에서 벗어나기 위해서는 기본적으로 의존은 뇌의 질환이며, 신경생물학적 질환으로써의 병으로 인지하여 치료에 적극적으로 임하는 자세가 우선시 되어야 한다.

의존으로 인해 손상된 뇌를 회복하기 위해서는 기본적으로 식습관의 영양 균형을 잡는 것이 매우 중요하며, 그와 더불어 수면과 적절한 운동, 또한 부족한 영향과 더불어 뇌를 회복하기 위한 보충제, 인지행동치료, 가족치료, 영적 회복 등이 복합적으로 주어졌을 때, 회복이 이루어질 수 있으므로 가족의 역할이 매우 중요하다.

의존자들과 같이 살아가는 가족들은 알게 모르게 공동의존이라는 병에 빠져 의존을 부추기거나 방치하거나 잘못된 통제를 하는 경우들이 많이 있다. 의존자뿐 아니라 가족들 또한 의존이 가지는 문제를 제대로 이해하고 치료의 방안으로 나아가다면 그 문제 또한 좋은 결과를 만들어낼 것이 분명하다.

의존 문제의 회복은 평생 걸리는 장거리 마라톤과 같다. 처음부터 한걸음씩 걸어 나아간다면 그 회복의 종착점은 곧 여러분들에게 나타날 것이다.

■ 뇌는 약물중독을 말한다

얼마 전 마약 성분이 든 환각제를 먹고 어머니, 이모, 아버지를 흉기로 찌른 10대의 사건과 술 · 마약에 취해 '환각 화물차'를 운전한 18명이 구속된 사건, 대구의 한 병원장이 마약성 진통제를 습관적으로 사용한 사건, 그리고 외국에서 유학을 하다 온 청년들이 '딥웹'(Deep Web)을 통해 마약을 들여와 상습 복용해 75명이 구속된 일이 있었다.

우리나라의 마약류 사범은 2013년 9,764명, 2014년 9,984명에서 지난해 1만 1,916명으로 급증했으며, 특히 마약류를 투약해 환각상태에서 살인, 강도, 인질극 등 강력범죄가 발생한 것도 2014년 5건에서 15년 20건으로 크게 늘었다. 이는 더 이상 우리나라가 마약에서 안전한 청정국이 아니며, 약물 문제가 특정한 사람들의 문제가 아닌 우리 주변에서 언제든 일어나는 문제라는 것을 확인시킨다.

세계보건기구에서는 약물의존을 "약물사용에 대한 욕구가 강제적일 정도로 강하고, 사용 약물의 양이 증가하는 경향이 있으며, 금단 현상 등이 나타나고 개인에 한정되지 않고 사회에도 해를 끼치는 것"이라고 정의하였다.

뇌를 파괴하는 '약물의존'

약물의존은, 작게는 개인의 육체적 · 정신적 건강문제, 사망을 포함한 각종 사고, 재정적 · 법적 문제, 가정파탄, 그리고 직업문제와 연결되어 있다. 크게는 부부학대, 아동학대, 폭력과 범죄, 사회몰락 등의 문제를 일으킬 수 있는 아주 심각한 질병으로 꼭 전문적인 치료가 필요한 질병이다. 이런 여러 가지 문제들의 원인은 약물이 가지는 특성에 의한 것으로, 많은 약물들이 뇌에 다양한 기능상의 문제를 야기한다.

약물의존으로 인해 나타날 수 있는 뇌 손상의 문제들은 다음과 같다.

코카인과 메탐페타민

전두엽, 측두 두정엽의 활동 부족, 주의력, 집중력, 새로운 자료의 학습 능력, 시각 및 언어적 기억력, 단어 생성 능력, 시각 운동 통합 능력 등의 결핍이 나타난다.

아편제

아편제들에 관한 연구는 다른 남용물질에 비해 연구결과가 일관되지는 않으나 "뇌가 녹는다."라는 말로 표현할 수 있다.

대마초

소뇌의 기능과 연관되어 운동 협응과 자기 수용감각, 학습능력 기능에 장애가 발생한다. 대마초 의존자의 뇌를 SPECT로 촬영해 보면 특히 언어와 학습의 중추인 측두엽 부분이 푹 꺼져 있는 모습을 볼 수 있다.

- 흡입제

흡입제는 뇌에 직접적인 작용을 하여 뇌 표면을 가로지르는 큰 구멍을 만들며, 뇌, 폐 그리고 간 손상을 일으킨다. 장기간 사용 시 뇌는 코카인, 메탐페타민 사용자의 뇌와 아주 흡사해진다.

이런 약물의존은 신체적인 만성질환으로서 뇌를 공격하고, 대뇌피질과 대뇌변연계의 주요 부위를 손상시키기 때문에, 무엇보다도 병원에서의 해독치료와 더불어 뇌를 회복시키는 여러 가지 방법들과 심리상담 서비스가 같이 제공되어야만 회복에 이를 수 있는 만성적 질병이다.

가족과 함께 천천히

약물의존에서 회복되기 위해서는 가족의 노력이 상당히 중요한 요소로 작용한다. 많은 의존자의 가족들은 약물의존이 어떠한 질병인지를 인지하고 있지 못하며, 의존자 가족들은 심리적으로 심한 우울과 불안을 호소하고 있다. 이로 인해 약물의존자 가족 구성원들에서 가장 흔히 나타나는 공통적인 특징이 몇 가지가 있다.

- 조정당하고 조정하려는 것
- 중독에 대하여 무지한 것
- 가족 내 중독자가 있다는 것을 억압하고 부인하는 것
- 중독자의 행동을 조절하려는 것에 대한 불합리한 기대
- 중독에 대해 가족이 죄책감을 가지는 것
- 중독자로 인해 위궤양·장염·편두통과 같은 스트레스성 질병을 앓고 있는 것

이런 가족체계 자체가 약물의존이라는 질병의 원인이 될 수 있고, 의존자를 회복시킬 수 있는 원동력이 될 수 없으며, 때로는 치료에 방해자적 역할을 할 수도 있다. 그렇기 때문에 약물의존에서 회복되기 위한 노력은 의존자 뿐만 아니라 의존자의 가족도 같이 약물의존에 대해 교육을 받고 치료에 같이 참여할 때, 그 회복 속도는 훨씬 더 빠르고 좋은 결과로 나타날 수 있다.

약물의존은 개인의 성격에 대한 잘못도 죄에 대한 문제도 아니다. 증상을 숨기면 숨길수록 더욱 회복에 이르기 힘들다. 따라서 약물의존은 치료받아야 하는 만성질병으로서, 의존자와 가족들은 인내가 필요함을 기억하고 천천히 단계적으로 치료를 해가는 것이 필요하다.

약물의존의 회복은 평생에 걸쳐 일어나는 과정임을 기억하고, 해독치료부터 심리상담까지 꾸준히 치료를 받는다면 회복될 수 있는 질병임을 꼭 기억해야 한다.

■ 뇌는 병적 도박을 말한다

2016년 10월 26일 국내 최대의 인터넷 도박 사이트 운영자가 구속되는 사건이 있었다. 이 사건이 문제가 된 이유는 그 도박 사이트에서 운영된 도박 금액이 무려 3조 4,000억 원에 이른다는 것이다. 이미 유명 연예인들이 인터넷 도박으로 구속되는 일이 있었는가 하면, 스포츠 선수들의 도박 파문과 유명 감독, 선수들의 경기 조작 사건들로 우리

사회가 시끄러웠다. 이제는 이러한 도박의 문제가 성인에게만 영향을 미치는 것이 아니라, 청소년들에게까지도 매우 심각한 문제로 나타나고 있다.

한국 도박문제관리센터의 '2015년 청소년 도박문제 실태조사'에 따르면, 도박문제가 심각한 청소년들 중 재학생 청소년들의 수는 15만 명, 학교 밖 청소년들의 수는 8만 명으로 추정했다. 특히 상태가 심각한 청소년 비율은 재학생 청소년의 경우 5.1%인 것에 비해, 학교 밖 청소년의 경우는 20%로 매우 높은 수치를 보였다. 또한 청소년들의 사이버 도박으로 인한 연령대별 피의자 수도 2014년 110명에서 2016년 8월 말까지 270명으로 약 145%나 증가한 것을 볼 수 있다. 이는 성인 도박자의 70%가 청소년기부터 도박을 시작한다는 보고가 매우 잘 들어맞는 일이 아닐 수 없다.

우리나라는 도박하기 쉬운 사회적 환경을 지니고 있다. 인터넷을 통한 게임에서도 사행성을 조장하는 게임들이 등장하여 큰 인기를 얻고 있으며, 또한 국가공인의 경마, 경륜, 카지노, 복권, 소싸움 등 합법적인 사행산업에서부터 스크린 경마 등에 이르기까지 그 범위와 수가 광범위하다.

인간은 여러 가지 욕구를 가지고 살아가는데, 스트레스가 심하여 욕구가 좌절될 때 비로소 문제가 생긴다. 그래서 쾌락을 추구하는 욕구 에너지가 특정 대상이나 행위, 혹은 사람에게 집착되어 잘못된 방법으로 욕구를 추구하게 된다. 따라서 욕구 좌절로 인한 정서적 고통을 줄이기 위해 대상을 찾게 되고, 그로 인해 사이버 중독, 마약 중독, 일 중독, 알코올 중독, 도박 중독 등 갖가지 중독에 이르게 된다.

사행산업통합감독위원회 조사 결과, 우리나라 국민, 성인당 100명 중 5명이 도박 중독이라는 통계가 나왔다. 여기에 청소년까지 포함된다면 문제의 심각성은 더욱 크다고 할 수 있다.

도박 중독의 의학적 진단명은 병적 도박이라고 부른다. 병적 도박은 도박을 하고 싶은 충동을 통제할 수 없는 심리적 장애로, 도박에 의존하게 되는 지속적이고 점진적인 행동장애이다. 도박 행동은 뇌의 신경전달물질인 도파민의 수준을 증가시켜 쾌락을 경험하게 되고 자극에 대해 반응하는 뇌파(EEG)에 결함이 생겨 억제력이 상실되어, 생리적으로 병적 도박이 만들어진다. 도박 중독자들은 정서적으로 매우 불안하고 도박을 못하면 금단증상이 나타난다.

병적 도박은 여러 정신 병리를 야기하는데, 이 병적 도박환자의 70% 이상이 우울증을 경험하고, 50% 이상이 자살기도를 하거나 20%가 실제 자살에 이르기도 한다. 그리고 불면증, 두통, 고혈압, 위장장애 등 신체적 질환도 갖는다. 가정이 파괴되고 범죄, 사기, 폭력, 절도, 횡령, 매춘, 직장 해고 등 병적 도박을 불러일으키는 사회적, 물적 손실 또한 크다.

중독의 치료제는 사랑이다. 욕구에 대한 집착은 중독으로 이어지는 기초 과정인데, 이는 인간 자유의지의 분명한 적이다. 자유의지의 상실과 그에 따른 병적 중독이 삶을 파괴하여 패가망신의 지름길로 인도

하는 것은 자명한 사실이다.

중독은 이웃과 자신을 향한 사랑을 파괴하고, 우리 안에 또 다른 신적 환상을 만들어 욕구를 푸는 행위나 다름없다. 그래서 우리는 '마음을 다하여, 목숨을 다하여, 힘을 다하여, 뜻을 다하여 자신과 이웃을 향한 사랑'으로 관계를 회복할 때 중독의 덫에서 해방되는 자유를 얻게 된다.

뇌는 알코올 의존을 말한다

알코올은 인류의 역사와 함께 해 온 아주 오랜된 음식이자, 가장 오래된 의존증의 하나이다.

우리가 술을 한 잔 마시면 걱정과 불안이 해소되면서 기분이 좋아진다. 또한 적당히 마시면 심장마비와 중풍이 줄어들고 치매도 줄고 수명은 길어진다고 한다. 경우에 따라서는 소위 나쁜 콜레스테롤인 LDL-Cholesterol 수치를 내려주고 좋은 콜레스테롤인 HDL-Cholesterol의 수치를 올려 주기도 한다. 그리고 알코올은 혈전을 방지하고 세포를 인슐린에 민감하게 반응하여 당뇨병의 위험도 감소시킨다는 장점이 있기도 하다.

그러나 한편으로 신경세포를 감소시키기도 한다. 특히 세포의 에너지 중추들로 산소가 가는 것을 막아버린다. 그리고 다양한 신경전달물질 중 학습과 기억에 관련되는 것들의 효율성을 감소시킨다.

술을 많이 마시면 세로토닌 분비가 적어진다. 세로토닌이 적으면 행동을 억제하는 능력이 줄고 싸움을 거는 노르에프네프린이 그 기능을 발휘하기 시작한다. 그로 인해 밤마다 지구대는 주폭이라는 주취자들의 폭력에 시달리고 있으며, 알코올에 취해 성범죄와 가정폭력, 자녀학대, 음주운전 등으로 개인과 타인에게까지도 손해를 입히는 여러 가지 문제들이 나타나고 있다.

이런 알코올 의존증은 병적인 음주의 양상을 나타내거나 음주에 의한 사회적 또는 직업적 기능장애와 더불어 내성(tolerance)이나 음주의 감량·중지에 따라 금단 증상이 생기는 현상을 가리키는데, 예전에는 주로 남성들에게서 많이 나타났으나, 현대에 이르러서는 여성 의존자와 청소년에게까지 알코올 의존 비율이 점점 증가하고 있는 추세이다. 국가적으로나 사회적으로 아주 중요하게 다루어야 할 정도까지 문제가 점점 더 심각해지고 있는 추세이다.

태아 알코올 증후군 (Fetal Alcohol Syndrome, FAS)

특히 여성 알코올 의존의 경우 가장 큰 문제는 태아 알코올 증후군이다. 엄마가 임신한 상태에서 술을 마시면 치명적인 결과를 낳는다. 왜냐하면 임신 중에 알코올은 세포이동장애를 일으키기 때문이다. 임신 초 3개월 안에 술을 마시면 기형을 유발하기도 한다. 특히 임신 2주에서 8주 사이에는 얼굴 생김새가 갖춰지면서 뇌가 형성되는 시기이다. 따라서 임신 초기 6주가 가장 중요하다.

또한 임신 후기 3개월 안에 술을 마시면 태아가 전체적으로 작아진다. 그러나 임신기간 내내(출산 후에도) 술을 마시면 어떤 시점에라도 태아의 뇌가 손상될 수 있다. 알코올 연구가들은, 알코올이 대뇌피질과 손발을 통제하는 시스템으로 뇌간에 있는 세포들을 손상시킨다고 하였다. 따라서 주기적으로 술을 마시는 어머니에게 태어나는 아기는 두뇌가 작고 기형이며 뉴런의 밀도도 낮다. 이런 태아 알코올 증후군이 있는 아기는 유년기에 지능지수가 낮다. 또한 고등학교나 성인기에 이르면서 학습적인 부적응 행동이나 과잉행동, 우울증이 주로 나타난다.

알코올 의존은 대물림된다

알코올 중독과 유전에 관한 연구인 2012년도 미국 오리건 건강과학대 심리학 및 행동뇌신경과학과의 연구에 의하면 알코올 중독 부모를 둔 청소년은 일반 청소년보다 전전두엽과 소뇌의 활동성이 매우 낮은 것으로 나타났다. 항상 취해 있는 알코올 중독자의 뇌처럼 이들의 뇌도 자제력과 판단력을 발휘하는 데 취약하다는 의미이다.

이 실험 참가자들의 나이는 태어나서 한 번도 술을 마셔본 적이 없는 13~15세이다. 이들의 뇌가 이렇게 된 것은 유전 때문에 뇌 자체가 술을 잘 받아들이도록 알코올 중독자의 뇌로 변했다는 것이 연구진의 설명이다.

뿐만 아니라 알코올과 같은 중독성 물질은 보상 시스템의 핵심인 측좌핵(nucleus accumbens)을 혼란시킨다. 전뇌에 위치한 이 작은 세포군은 편도체와 변연계의 다른 부위로 연결되어 있다. 측좌핵은 예전부터 두뇌의 쾌락 중추로 알려져 있다. 두뇌에서 도파민이 가장 많이 저장되어 있는 이곳은 세로토닌과 엔돌핀 같은 쾌락적 신경전달물질에 민감하게 반응한다.

의존자가 알코올 복용을 스스로 제어하지 못하는 강박장애를 욕구 제어 불능으로 해석한다. 이들은 새로운 것의 탐지와 보상 시스템에 문제가 있기 때문에 자극의 크기와는 무관하다. 매번 술을 먹음으로써 상황이 새롭고 흥분되는 것으로 느낀다.

알코올 의존 회복

우리 사회는 알코올에 의존된 경우에도 일종의 '성격적인 질병'이라고 생각하여 대부분의 치료를 가족 안에서 해결하려고 하거나 아니면 간간히 상담과 심리치료를 통해 문제를 해결하려고 한다.

가족들은 병원 치료를 받음으로써 가족 안에 알코올 의존자가 생기는 사회적 낙인을 많이 꺼려하여, 현실적으로 아주 심각해져서 가족과 본인에게 매우 심각한 문제가 생기지 않는 한 병원 치료를 선택하지 않는 경우가 많았다.

그러나 알코올 의존증의 병원 치료는 필수적인 요소이다. 왜냐하면 알코올 의존은 많이 알고 있는 식도암, 간암, 위암 등의 문제뿐만 아니라 뇌에 작용하여 뇌세포를 파괴시키고 뇌를 수축시키는 데 영향을 미치기 때문이다.

알코올 의존증을 가진 사람은 기억력, 판단력, 충동 조절, 문제 해결, 기타 인지적 기능, 그리고 사회적, 성적 행동 통제력에 영향을 미쳐 올바른 판단을 하는 것을 어렵게 만든다. 그로 인해 사회와 가정에서 많은 문제들이 일어난다.

알코올 의존은 단순히 가족의 문제가 아니라 반드시 치료가 필요한 만성질환이며, 뇌에 관한 질병으로 꾸준히 치료를 받아야 하는 병이다. 사회적으로도 알코올 의존증은 치료가 필요한 병이라는 인식이 많이 확산되고 있다. 이제는 알코올 의존증 문제를 가진 의존자와 그 가족들이 문제를 숨기기보다는 적극적으로 나와서 병원 치료와 더불어, 상담심리 치료, 자조 모임의 도움을 받는다면, 알코올 의존증은 결코 치료되지 않을 질병이 아니라, 언제든지 치료를 통해 한 사회의 구성원으로서, 한 가정의 가장으로서, 자녀로서, 엄마로서 제 위치를 찾아 회복될 수 있음을 알아두길 바란다.

▪ 뇌는 인터넷·스마트폰 과몰입을 말한다

현대 사회는 전자마약이라는 인터넷, 스마트폰 과몰입의 폐해가 아주 심각한 사회문제로 나타나고 있다. 몇 해 전까지는 과몰입이라는 용어 대신 중독이라는 용어가 주로 사용되어졌으나, 부정적 이미지가 강해서, 인터넷, 스마트폰의 경우는 아직 정신건강상의 진단을 내릴 수 있는 토대가 이루어지지 않아 과몰입이라는 용어로 대체하였다.

이런 과몰입으로 인해 특히 몇 년 사이 가상의 세계에 빠져 인명을 경시하는 사건이 잇따라 발생하고 있어, 상담과 치료가 아주 절실한 시점에 이르렀다고 볼 수 있다.

'2015년 인터넷 과의존(중독) 실태조사' 결과에 따르면 만 3~59세 스마트폰 이용자 중 2.4%(86만 2,000명)는 고위험군, 13.8%(494만 6,000명)는 잠재적 위험군으로 조사됐다. 청소년 고위험군은 4.0%, 잠재적 위험군은 27.6%로 전년대비 각 0.7%p, 1.7%p 증가했다. 이는 성인(고위험군 2.1%, 잠재적 위험군 11.4%)의 약 2배 수준이다.

직장인의 경우 출 · 퇴근 시 63.3%가 스마트폰을 사용하는 것으로 조사됐고, 47%는 스스로 출 · 퇴근 시 스마트폰 사용을 줄여야 한다고 생각하는 것으로 나타났다. 전체 스마트폰 이용자의 1일 평균 사용시간은 4.6시간(275분), 고위험군은 5.2시간(315분), 잠재적 위험군은 5.0시간(299분)으로 나타났다.

인터넷·스마트폰 과몰입과 뇌 질환

점차 늘어가는 인터넷, 스마트폰 사용으로 뇌 전두엽에 영향을 주어 문제 해결 능력이 현저히 떨어지며, 과도한 사용은 뇌질환의 문제가 발생된다.

- 팝콘 브레인(popcorn brain) : 첨단 디지털 기기(스마트폰, 태블릿 PC, 컴퓨터 등등)의 사용이 증가하고 다양한 디지털 기기들에 익숙해지면서 생활을 하는 가운데, 현실 감각에 무감각해지고 주의력이 크게 떨어져 팝콘처럼 아주 강한 자극에만 반응하는 현상이다.

- 디지털(digital) 치매 : 스마트폰이나 태블릿 PC 등 첨단 기기의 사용이 증가함으로 인해 나타나는 증상으로, 생활하는 데 있어 간단한 전화번호 암기와 계산능력, 개인 스케줄을 잘 기억하지 못하는 것과 같은

단기기억력이 떨어지는 현상을 의미한다.

◥ 문제해결 능력 감소 : 일찍 스마트폰이나 컴퓨터를 접하게 되면 문제를 해결할 수 있는 능력 자체가 많이 발전하지 못하고 한두 가지의 획일적 문제해결방식을 가지게 될 수 있다.

◥ 감정 발달의 저해 : 사람이 성장해가면서 다양한 사람을 만나고, 다양한 경험을 하면서 타인과 소통하는 법을 익히는 것이 자연스러운 것인데 스마트폰과 같은 첨단기기의 사용이 증가하면서 사람과 만나는 여행과 같은 다양한 경험들을 할 수 있는 기회가 줄어 다른 사람의 감정을 이해하고 자신의 감정을 표현해내는 방식의 부재로 발생할 위험성이 높다.

◥ 컴퓨터 단말기증후군(VDT 증후군) : 장기간 사용으로 인한 청력 손상 및 컴퓨터의 스크린, 스마트폰에서 방사되는 X선 · 전리방사선 등의 해로운 전자기파로 인해 유발되는 두통, 시각장애 등의 증세를 일컫는다.

◥ 인터넷 관련 질환 : 학습장애가 발생하며, 인터넷 중독의 경우 아이큐가 72정도로 나타난다. 또한 주의력결핍장애가 나타나며, 우울증과 반응성 애착장애 등의 질환이 나타난다.

인터넷, 스마트폰 과몰입 해소방법

인터넷, 스마트폰의 과몰입 문제는 충분히 치료와 상담을 통해 회복에 이를 수 있다. 가정에서 특히 만 2세 이하의 유아에게는 스마트폰과, PC, TV의 사용 자체를 차단한다. 아이들은 PC, 스마트폰을 사용하게 되면 그 사용 시간을 20분 이하로 제한하는 환경을 만드는 것이 중요하다.

가정에서는 PC, 스마트폰 사용을 줄이도록 공개된 장소에 놓고 가족들 모두 PC, 인터넷 사용일지를 사용하는 등의 방법으로 사용시간을 줄이도록 만들어준다. 가족들과 주기적인 대화를 통해 PC와 스마트폰 사용으로 인해 나타날 수 있는 과몰입을 줄이는 것이 최선의 예방법이다. 이미 문제가 나타났을 때는 전문상담기관을 찾아 전문가의 도움을 빨리 받는 것이 인터넷, 스마트폰 과몰입에서 벗어나 정상적인 생활을 찾는 데 최선의 선택이 될 것이다.

PART 9

뇌는 정신장애를 말한다

뇌는 ADHD, 조현병을 말한다 / 전전두엽

뇌는 강박장애를 말한다 / 전대상회

뇌는 우울증, 조울증을 말한다 / 변연계

뇌는 불안장애를 말한다 / 기저핵

뇌는 기억장애를 말한다 / 측두엽

뇌는 정신적 외상을 말한다 / 두정엽

뇌는 자폐증, 알코올 중독을 말한다 / 소뇌

전전두엽의 기능장애는 ADHD, 조현병, 충동조절장애, 품행장애를 보인다. 전전두피질은 앞쪽 뇌의 맨 앞에 위치한 뇌의 영역이다. 전두엽들(뇌의 앞쪽 절반)은 3영역으로 나누어져 있다. 신체의 운동동작들을 통제하는 운동 피질(걷기, 씹기, 그리고 손가락과 발가락을 움직이는 것과 같은), 운동 동작들을 계획하는 것에 관련된 전운동영역, 계획, 예측, 판단, 조직, 충동 통제, 그리고 우리가 염두에 두고 있는 것과 같은 실행의 기능들과 관련되어 있다. 전두엽은 대뇌신피질로서 인간의 마음을 직접 창출한 곳이며 인간을 인간답게 하는 가장 중요한 부분이다.

전전두피질은 인간의 뇌에서 가장 진화된 부분으로 전체 피질의 30%에 해당한다. 우리와 가장 가까운 영장류의 일종인 침팬지의 전전두피질은 11% 밖에 차지하지 않으며, 개의 전전두피질은 7%, 고양이의 전전두피질은 3.5% 뿐이다. 이것은 고양이에게 예측과 판단력이 부재되어 있음을 의미하는 것으로, 고양이는 수도 없이 안 다고 말해도 변기의 물을 마실 것이다.

전전두피질은 실수로부터 학습하고, 계획을 만들고, 우리의 목표를 달성하기 위해 시시각각 우리의 행동을 일치시키는 능력을 가지고 있다. 전전두피질이 정상적으로 작동할 때, 우리는 사려 깊고, 단호하고, 표현적이고, 조직화되고, 목표지향적이 된다. 전전두피질은 직장의 상사와 같이 뇌의 집행부라 불린다. 활동량이 낮을 때, 마치 상사가 자리를 비워서 감시가 없는 것과 같다. 그래서 아무것도 이루어지는 것이 없다. 전전두엽이 지나치게 열심히 일할 때, 그것은 마치 상사가 모두를 면밀하게 관리하는 것과 같다. 그래서 사람들이 불안해하고 걱정하는 것과 같다. 전전두엽은 우리가 목표를 향해가는 길에 머물게 하는 의식과 능력을 가지고 있다.

전전두피질의 문제들은 양심의 감소, 잘못된 판단, 충동성, 짧은 주의 시간, 무질서, 경험으로부터의 학습 곤란, 혼돈, 잘못된 시간 처리, 감정 이입의 결핍이 나타난다. 이 부분에서의 낮은 활동은 흔히 신경전달물질인 도파민의 부족 때문이다. 보충제 혹은 약물투여를 통해 그것을 증가시키는 것이 흔히 도움이 된다.

전전두피질에 관한 간단한 요약이 제시되어 있다. 전전두피질은 20대 중반이 되어서야 충분히 발달하는데, 건강한 전전두피질의 활동은 진지함과 연관되어 있다. 비정상적인 전전두피질의 활동은 모순과 어려움을 일으키는 결정과 연관되어 있다.

전전두피질은 장수의 예견자로서 입증됐다. 194개의 연구들을 재검토하면서, 일리노이 대학 심리학 부서의 T.보그스와 B.W.로버트 박사는 사망률 증가가 흡연, 식이요법과 활동 패턴, 과도한 음주, 폭력, 위험한 성적 행동, 위험한 운전, 자살, 약물 사용 같은 충동적인 행동(진지함의 결여)과 연관되어 있다는 것을 발견했다. 오래 그리고 행복하게 살려면 좋은 전전두피질이 필요하다고 한다.(Amen, 2005)

전전두피질의 기능 향상을 위한 식이요법은 운동이나 녹차가 좋으며 보충제로서는 L-Tyrosine, SAMe가 효과적이다.

▪ 뇌는 강박장애를 말한다 / 전대상회

뇌의 전대상회가 과잉활성화될 때 강박장애, PTSD, 우울증 등을 보인다. 전대상회는 전두엽의 중간 부분을 종단으로 관통하는 뇌의 영역이다. 전대상회는 우리가 안정되고, 평안하고, 그리고 융통성이 있다고 느끼도록 도와준다.

전두엽의 심층 부분들은 세로로 가로질러 지나가며 뇌의 주요한 변환 장소이다. 이것은 뇌의 기어 변속장치로서 우리의 행동을 순조롭게 하고 우리가 융통성 있게 적응할 수 있도록, 그리고 변화가 필요할 때 변화할 수 있도록 허락한다.

이 부분은 대상에서 다른 대상으로 주의를 옮기도록 도움을 주고, 생각에서 다른 생각으로 이동하도록, 그리고 당신의 삶에서 선택사항들을 찾는 것에 관련되어 있다.

전대상회에 가장 부합하는 용어는 인지적 융통성이다. 대개 낮은 세로토닌 수준으로 인해 전대상회에서의 활동이 지나칠 때, 사람들은 엄격하고 인지적으로 융통성이 없으며, 과도하게 집중하고 걱정스러우며 반항적이게 된다. 뇌 속 이 부분은 협동에도 영향을 미친다.

전대상회가 효율적인 방법으로 일을 할 때, 협력적인 행동의 방식으로 이동이 용이하다. 지나치게 일을 할 때, 사람들은 주의를 옮기는 것에 어려움이 있고, 비효율적인 행동 패턴에 신경 쓴다. 이때 그들은 고정된 사고에 집착하여 비협조적이거나 어려움을 느낄 것이다.

전대상회는 또한 계획과 목표 설정과 같은 '미래 지향적인 사고'에 관여한다. 전대상회가 잘 작동할 때, 사람들은 합리적인 방법으로 그들의 미래를 계획할 수 있다. 그것이 활동적이지 않을 때, 사람들은 동기나 열의를 갖지 않는다. 이 부분에 대한 손상은 무동성 무언증이라 불리는 상태를 유발한다. 이때 사람들은 움직임이 떨어지고(무동성) 거의 말을 하지 않는다(무언증). 전대상회가 지나치게 작동할 때, 사람들은 너무 많이 계획하고 미래에 대해 너무 많이 걱정한다. 그리고 너무 심각해지거나 강박적으로 변한다. 전대상회의 곤경은 어떤 사람이 계속해서 부정적인 사건들을 생각하게 하며 세상이 아주 안전하지 않다고 느끼게 한다.

전대상회가 과잉활동을 할 때, 사람들은 집착하거나 부정적인 생각과 행동에 갇히는 경향이 있다. 그들은 강박적이고 걱정이 많은 사람이 되거나 과거의 상처들 혹은 원한들을 붙들고 있을 것이다. 또한 부정적인 행동에 집착하거나 지나친 손 씻기, 과도한 문단속 등의 행동을 하게 된다.

전대상회에 문제가 있는 환자는 그 현상들을 "다람쥐가 쳇바퀴를 도는 것처럼 생각이 끊임없이 계속된다."고 설명한다. 또 어떤 환자는 "머리에 항상 켜져 있는 리셋 버튼을 가지고 있는 것 같다. 더 이상 그 생각을 하지 않으려 해도 자동으로 계속 생각이 난다. 그저 계속 돌아올 뿐이다."라고 말했다.

과도한 전대상회 활동과 연관된 문제들은 강박장애, 섭식장애, 중독 장애, 그리고 반항성 적대장애를 포함한다. 이러한 장애들은 주의를 옮기는 문제들과 연관되어 있다. 뇌의 이 부분에서 이상과 연관된 많은 무증상(subclinical)의 패턴 또한 존재한다. 무증상(subclinical)이라는 용어는 장애와 같은 강도의 수준에 도달하지 않으나 계속 한 사람의 생활에 어려움을 야기하는 문제와 관련이 있다. 이러한 문제들의 실례는 걱정, 과거의 상처들을 붙잡고 있는 것, 인지적 비융통성, 무조건 아니라고 말하는 것, 그리고 엄격한 것을 포함한다.

전대상회의 높은 활동량은 흔히 신경전달물질인 세로토닌의 결핍 때문이다. 그리고 보충제와 약물 투여를 통해 그것을 증가시키는 것이 종종 도움이 된다.

전대상회의 과잉활성화는 세로토닌의 저하가 원인으로 강박장애, 중독, 섭식장애, 우울증, 월경전 증후군, 만성통증, 적대적 반항장애, 외상 후 스트레스 등에서 많이 보인다. 전대상회의 치유를 위해서는 운동이 좋으며 보충제 요법으로는 5-HTP, 성 요한의 풀, 이노시톨이 효과적이다.

뇌는 우울증, 조울증을 말한다 / 변연계

심층변연계가 과잉활성화할 때 우울증, 조울증을 보인다. 심층변연계는 뇌의 중심에 가까이 있다. 대략 호두 크기만 하며, 이 부분은 한 사람의 정서 상태를 설정하는 것과 관련되어 있다. 심층변연계가 덜 활동적일 때, 사람은 일반적으로 긍정적이고 더욱 희망적인 마음 상태를 나타낸다. 그것이 과열되거나 과잉일 때, 부정성이 우세해질 수 있다. 이러한 정서적 음영으로 인해, 심층변연계는 하루의 사건들을 해석하는 여과기를 제공한다. 그것은 우리 마음의 정서적인 상태에 따라 사건들의 꼬리표를 붙이거나 채색한다.

해마와 편도라 불리는 구조를 포함하는 심층변연계는 매우 강렬한 정서적인 기억들을, 긍정적인 것이든 부정적인 것이든, 모두 저장하는 것으로 보고되었다. 우리의 정서적인 기억들의 전체적인 경험들은 부분적으로 책임진다. 안정되고 긍정적인 경험들은 우리가 느끼는 것을 고조시킨다. 외상 그리고 부정적 경험들은 우리의 뇌를 부정적인 방식으로 설정시킨다.

심층변연계는 또한 동기와 동인에 영향을 준다. 그것은 우리가 아침에 활동하도록 도움을 주고, 하루 종일 활동할 수 있도록 고무시킨다. 이 영역에서 과잉활동은 동기와 동인의 저하와 연관되어 있고, 우울증에서 종종 나타난다. 심층변연계는 수면과 생리적 욕구 주기를 통제하고 유대와 사회적 소속감과 밀접하게 관련되어 있다. 이처럼 유대를 맺는 능력은 우리의 기분 상태와 특성에 중요한 역할을 한다. 그리고 심층변연계는 또한 직접적으로 후각을 처리한다. 후각이 심층변연계로 직접 이어져 있기 때문에, 냄새가 우리의 감정 상태에 매우 강력한 영향력이 있는 이유를 말해준다.

심층변연계에서의 문제들은 우울, 부정성, 그리고 동기저하, 성적 욕구, 그리고 에너지와 연관되어 있다. 환자들은 결과에 대해 희망을 느끼지 못하기 때문에, 그들은 어떤 업무를 완수하는 데 의지력이 거의 없다. 수면과 식욕 중추들이 심층변연계에 있기 때문에, 방해가 되면 습관의 변화를 가져온다. 너무 지나치거나 혹은 너무 부족한 것에 대한 선호도를 의미한다.

가령, 전형적인 우울 발현에서 사람들은 식욕을 잃어버리고, 만성적 피로에도 불구하고 수면에 어려움이 있다고 알려져 있다. 심층변연계에서의 높은 활동량은 신경전달물질인 노르에피네프린, 도파민 또는 세로토닌의 부족 때문이다. 따라서 보충제나 약물 투여를 통한 이러한 화학물질의 증가는 도움이 될 수 있다.

대뇌변연계의 과잉활성화는 세로토닌, 노르에피네프린, 도파민의 저하에서 기인되어 우울장애, 양극성장애, 통증증후군에서 많이 보인다. 대뇌변연계의 치유를 위한 효과적인 보충제는 디페닐알라닌(DL-Phenylalanine), 성요한의 풀, 엘티로신, 토립토판 등이 좋으며 SAMe는 우울증에만 효과적이므로 양극성장애(조울증)에서는 투여해서는 안된다. 또한 오메가-3 지방산도 좋다.

■ 뇌는 불안장애를 말한다 / 기저핵

기저핵이 과잉활성화되면 불안장애, 공포, 공황장애를 보인다. 기저핵은 심층변연계를 둘러싸고 있는 뇌의 중추를 향한 거대한 구조물이다. 기저핵은 감정, 사고, 그리고 움직임을 통합하는 것과 관련되어 있어서, 우리가 흥분될 때 펄박질하거나 무서울 때 얼어붙는 이유이다.

기저핵은 운동(motor behavior)을 변화시키고 부드럽게 하는 것을 돕는다. 그 활동이 저하될 때, 파킨슨병처럼 사람들은 떨림과 움직임(쓰기, 걷기, 뛰어오르기 등)에서의 문제를 유발한다. 병원에서 우리는 기저핵이 신체의 대기 상태와 불안 수준을 설정하는 것과 관련되어 있다는 것을 알아냈나. 기저핵이 지나치게 작동할 경우, 사람들은 불안과 두통과 소화기 문제, 그리고 근육 긴장과 같은 신체적 스트레스 증상들로 고생하는 경향이 있다.

높은 기저핵 활동은 갈등 회피 행동과 연관되어 있다. 그들에게 (일을 잘하는 직원과 못하는 직원이 마주치는 것 같은) 걱정거리를 상기시키는 어떤 것도 불안을 발생시키며, 높은 기저핵 활동을 보이는 사람들은 그것을 피하려는 경향이 있다. 이런 것들이 그들을 불편하게 느끼도록 만드는 것이다.

높은 기저핵 활동이 있는 사람들은 또한 긴장을 완화시키는 데 어려움이 있고 과로하는 경향이 있다. 기저핵의 활동량이 낮을 때, 사람들은 동기, 주의 그리고 생활하는 데 불편함이 있다. 게다가 기저핵은 기쁨과 황홀한 느낌과 관련되어 있다.

코카인은 뇌 속에서 활동한다. 기저핵의 높은 활동량은 신경전달물질인 가바의 결핍 때문에 흔히 일어난다. 보충제 혹은 약물투여를 통해 그것을 증가시키는 것이 도움이 된다.

기저핵의 과잉활성화는 가바의 부족에서 기인되어 불안장애를 일으키며 일중독이나 불안정, 그리고 신체적 스트레스 증후군(두통, 복통)을 일으킨다. 기저핵의 치유를 위한 보충제 요법으로는 가바, 길초근 등이 있다.

■ 뇌는 기억장애를 말한다 / 측두엽

측두엽의 기능장애는 기억장애를 보인다. 관자놀이 밑과 눈 아래에 있는 측두엽은 언어(듣기와 읽기), 사교성 암시, 단기기억, 기억들이 장기간으로 저장되게 하여, 음악 처리, 목소리의 음조, 그리고 기분 안정과 관련되어 있다. 그들은 또한 대상을 보고 이름 부를 때 인식하도록 돕는다. 그것은 뇌의 What Pathway라 불리며, 대상들과 얼굴들을 인식하고 명칭하는 것과 관련되어 있다. 게다가 측두엽, 특히 오른쪽 면은 영적인 경험과 통찰력에 영향을 미친다.

오른쪽 측두엽을 자극하는 실험들은 신의 존재를 느끼는 것 같은 종교적 혹은 영적 경험들의 증가를 나타내었다.

해마는 측두엽의 안쪽 면에 위치해 있고, 새로운 정보를 해독하고 그것을 몇 주간 저장한다. 해마가 손상되면, 새로운 경험을 저장하거나 과거 몇 주 이내에 배웠던 경험들을 기억해 내지 못한다. 해마는 알츠하이머병에 의해 손상되는 첫 번째 영역 중에 하나이다.

측두엽 안쪽에 있는 해마의 앞부분에는 편도라 부르는 아몬드 모양의 구조가 있다. 편도는 정서적 반응을 조정한다. 강한 정서는 해마의 뉴런들의 해독 과정을 향상시키고 기억을 되살리는 데 용이하게 한다. 이것은 어떤 습격을 당하고 있거나, 좋은 성관계를 가졌거나 혹은 최근에 들었던 매혹적인 사실들을 회상하는 것 같은 '감정적으로 자극시키고 있는' 사건들을 더욱 쉽게 기억하게 하므로 아주 유용하다.

편도가 적절하게 기능을 발휘할 때, 우리는 논리적이고 사려 깊은 방식으로 세상에 반응하는 경향이 있다. 그것이 과도하게 반응할 때, 그 상황에 대해 과장될 수 있다. 즉 편도가 저하된 활동을 보일 때, 상황들을 정확히 읽어내는 데 실패하고, 반응은 일어난 일과 부합하지 않을 것이다. 예를 들면, 아내의 친구가 죽었다는 것을 아내로부터 듣고

웃음을 터트렸다면, 당신의 편도는 제대로 작동하는 것이 아니다.

측두엽의 문제는 단기 그리고 장기 기억의 모든 문제, 읽기의 난이성, 대화에서 올바른 단어들을 찾는 어려움, 사회적 암시를 읽어내지 못하는 어려움, 기분 불안정, 그리고 때때로 종교적 혹은 도덕적 선입견이나 아마도 영적인 경험 부족에 이르게 한다. 측두엽, 특히 왼쪽 편은 기질 문제들과 연관되어 있다. 뇌 속의 이상(높거나 낮은) 활동은 종종 신경전달물질인 가바의 결핍 때문이며, 보충제나 약물 투여를 통해 균형을 맞추는 것도 도움이 된다.

측두엽의 기능장애는 가바의 분비 저하에 기인하여 기억상실증(기억장애)이 일어나며 불안이나 해리, 자살, 우울증, 일시적 간질, 광적인 신앙을 보인다. 치유를 위해 보충제인 가바, 길초근이 도움이 된다.

뇌는 정신적 외상을 말한다 / 두정엽

두정엽의 기능장애는 정신적 외상이나 공간인지의 어려움을 보인다. 두정엽(Parietal Lobe)은 전두엽의 후부, 후두엽의 전부와 상부에 위치한 피질의 네 가지 엽 중 하나이다. 특히 공간추리, 수추리, 작동기억에 중요한 기능을 한다. 두정엽의 과잉 활동은 소리나 촉각, 미각 등 감각의 과민으로 나타난다. 두정엽은 주의력 문제(너무 많은 자극)와 같은 장애를 낳고 있다. 두정엽의 저하된 활동은 정신적 외상, 독성 또는 기억력 저하와 연관된다. 즉, 공간인지의 어려움이나 정신적 외상, 약물

남용에서 두드러지게 나타나며, 알츠하이머병이나 유독성 노출에서도 보인다.

뇌는 자폐증, 알코올 중독을 말한다 / 소뇌

소뇌의 기능장애는 자폐증, 알코올 중독을 보인다. 소뇌는 뇌 아래의 뒤쪽에 있으며 작은 골인데, 뇌의 용적에 10% 밖에 나타나지 않지만, 뇌의 뉴런의 50%를 수용하고 있다. 소뇌는 운동 협응, 자세, 그리고 우리가 걷는 방식과 관련되어 있다.

소뇌가 컴퓨터의 클릭 속도와 같이 속도를 처리하는 데 관련이 있다는 것이 밝혀진 것은 최근 일이며, 그것이 아주 많은 뉴런을 가지고 있는 이유일 것이다.

또한 사고 협응 혹은 우리가 인지적, 정서적 적응을 얼마나 빨리 이룰 수 있는가도 관련되어 있다. 소뇌는 우리가 스포츠를 즐길 때와 같이 빠르게 신체적인 적응을 이루도록 돕는다. 그리고 스트레스를 주는 새로운 상황에서는 정서적인 적응을 돕는다.

소뇌에 문제가 있을 때, 사람들은 신체적 협응으로 고생할뿐만 아니라 쉽게 혼란스러워진다. 최근 연구에서, 낮은 소뇌 활동이 잘못된 필기(협응), 조직적인 업무 영역을 유지하는 문제들, 빛, 소리, 촉각, 혹은 옷(꼬리표와 같은 것)에 민감한 것, 서투르고 사고를 일으키는 경향이 있는 것과 연관되었다는 것을 발견했다.

소뇌는 자폐증, 주의력 결핍장애, 그리고 학습장애를 가진 사람들에게서 활동 저하가 발견되었다. 소뇌가 뇌에서 중요한 협응 중추라고 본다면, 스포츠 그리고 음악과 같은 협응 운동은 소뇌가 최선으로 일할 수 있도록 뇌를 지속적으로 조정하는 주요한 전략 중 일부이다. 한편, 뇌 의 이 부분에서 신경전달물질의 결핍에 대한 것은 불확실하다. 그래서 어떤 보충제나 약물이 도움이 될지 잘 알지 못한다.

소뇌의 기능장애는 자폐증, 알코올 중독에서 두드러지게 보이며 아스퍼거장애, 일부 ADHD, 외상, 발달협응장애 등을 보인다.

PART 0

뇌는 스트레스 외상을 말한다

정신적 외상의 뇌는 말한다

청소년기의 스트레스 뇌는 말한다

외상 후 스트레스 장애는 말한다

중년기 여성의 우울증의 뇌는 말한다

노년기 우울증은 말한다

치매의 뇌는 말한다

수면의 뇌는 말한다

기억의 뇌는 말한다

■ 정신적 외상의 뇌는 말한다

현대사회의 문화 발달은 가속화되지만 스트레스는 더욱 심각해지는 것이 오늘날 우리의 현실이다. 우리 모두가 행복하게 잘 살자고 제도를 만들고 개혁하고 노력하지만 스트레스나 각종 사고는 정신적 외상이 되어 많은 사람들이 힘들어 하고 있다.

눈만 뜨면 수많은 사건과 사고, 질병과 불행은 끊임없이 우리의 삶을 흔들고 예기치 않던 불안과 불안전한 환경으로 정서적 혼란까지 야기하고 있다.

스트레스는 가정이나 학교, 직장 그리고 군대 어느 곳에서든 출현되며 보편화된다. 이것이 반복되거나 그 외 충격적인 사건들이 더해지면 곧바로 정신적인 외상에 노출된다. 이처럼 충격적 경험은 스트레스가 되고 외상이 된다.

대학에 낙방하는 것도 사업에 실패하는 것도 충격적 경험이 될 수 있으며, 폭력을 당하거나 무시를 당하는 것도 충격적 경험이 될 수 있다. 또한 직장에서 명퇴하는 것도 충격적 경험이 될 수 있으며, 무엇보다 전쟁이나 천재지변, 화재사고, 재해나 재난을 당하는 것도 충격적 경험이 될 수 있다. 또 사랑하는 사람이 죽는다든가 자해나 자살하는 것도 충격적 경험이 될 수 있으며, 군대에서 선임이나 동료에게 당하는 구타와 같은 가혹 행위도 마찬가지이다.

이처럼 충격적 경험이나 반복되는 스트레스는 정신적 외상이 되어 인지적, 감정적으로 사회에 잘 적응하지 못하도록 한다. 정신적 외상은 환경이나 대인관계, 그리고 정신건강의 취약성을 지니게 함으로써 마침내는 임상적인 증상이나 장애(병)로도 얼마든지 발전시킨다.

정신적 외상의 근원지는 가정에서 시작된다. 어릴 때 받은 정신적 외상은 시냅스와 수초형성에 영향을 미친다(Tomoda, 2016). 부모의 언어폭력이나 학대, 그리고 정서적 방임 등이 애착외상의 기본이 된다. 그리고 학교폭력이나 왕따와 같은 집단 따돌림은 정신적 외상의 소인이 된다. 그러다가 이후 충격적 경험을 하게 되면 자아가 무너져 여러 가시 정신병리를 야기하는 것이다.

어릴 때는 부모와의 애착관계가 잘 형성되어야 하는데, 그것이 실패하면 인간관계나 사회적 부적응, 그리고 마침내 정신건강의 문제를 발생시키는 취약성의 기질을 만들 수 있다. 요즘은 군대에서의 충격적 사건이 뉴스의 초점이 되고 있다. 관심병사들의 여러 가지 폭행이나 공격성, 그리고 자살 등의 사건들이 등장하고 있다. 이러한 관심병사들의 문제는 그 현상 이면에 깊이 숨어 있는 애착 외상의 심리적 요인이 작용되고 있다는 사실을 인지해야 한다.

우리나라 육해공군이 63만 명인데, 그 중 관심병사는 8~10%이다. 어떤 전방 부대는 무려 20%인 곳도 있다. 매년 현역 군 부적응자가 4,000명이 전역하고 있는 실정이다. 여객선 세월호 참사 등과 함께 군대 내 관심병사들의 사건을 접하면서 정신적 외상(트라우마)에 대한 국민들의 관심이 급속도로 높아진 상태이다.

정신적 외상은 자율신경을 흥분시킨다. 충격적 경험을 하면 자율신경이 흥분되는데, 그때는 무모하거나 자기 파괴적인 행동을 하고 신체적 또는 언어적 공격성으로 지나치게 과민해지며, 결국은 커다란 분노를 표출하게 된다. 그리고 일에 집중하지 못하고 수면에 문제가 생겨 잠들기 힘들며, 숙면을 취하지 못하고 지나치게 눈치를 살펴 깜짝깜짝 놀라는 행동을 하게 된다. 심하면 자기가 자신이 아닌 듯한 느낌을 갖는 해리성 증상이 나타나기도 한다.

정신적 외상은 생물학적 조절 기능을 붕괴시킨다. 그래서 뇌 각성을 증가시켜 신경전달물질인 노르에피네프린과 도파민의 수준도 증가시켜 전전두피질과 하위 뇌 중추 사이의 통제 균형을 바꾼다.

경도나 중증 수준의 각성은 적절한 전전두피질의 기능을 촉진하고 더 극단적인 수준의 각성은 신경화학적 전환을 일으켜서 전전두피질이 독자적으로 작동하게 한다. 그러면 경직과 투쟁, 도피 반응 등 자동적인 반응 패턴들이 지속된다(Allen, 2010). 외상 후 증상을 보이는 사람들의 뇌 활동을 보면 높은 수준의 편도체 활동을 보이며 전전두피질을 포함한 더 높은 수준의 피질 활동이 감소하는 것을 볼 수 있다.

주목할만한 것은 좌측 전전두피질의 언어 중추(브로이카 영역) 활성화가 감소하여, 외상 사건을 회상하고 있을 때 말문이 막힐 정도의 공포 상태에 이른다. 이처럼 정신적 외상은 뇌의 기능에 영향을 미치는데, 연구 결과에 의하면 어릴 때 외상을 받으면 그것이 스트레스가 되어 신경전달물질인 세로토닌의 분비가 잘 이뤄지지 않아 성인 자살의 3/4을 차지한다고 한다.

부모가 아이를 방치하고 학대하면 3세 아이의 뇌가 쭈그려져 있으며, 그 경우 아이는 성인이 되어 마약중독이나 폭력, 범죄, 실직에 이르게 된다.

정신적 외상을 입으면 변연계가 수축되고 수면 문제에 이상이 생겨 불안이나 충동성을 갖는다. 또 무관심이나 방임한 아이들은 태어나서 1세까지 전두엽의 발달장애가 생겨 자제력이 없고 충동성이나 공격성이 많으며 반항적인 아이가 된다.

어떤 학자에 의하면 학대 받아 애정 결핍이 생긴 아이의 뇌는 전대상회와 내측 전전두피질의 기능이 저하되고 해마 편도체가 작아져, 결국은 뇌 기능이 망가지게 된다고 한다. 따라서 어린 시절의 학대나 무관심, 애정박탈, 상처는 모든 애착 외상이 되며 뇌 기능 이상을 초래하여 문제를 야기한다는 사실을 꼭 기억해야 한다. 또한 스트레스가 만성화되면 해마의 세포가 죽고 축소되어 뇌 기능이 원활치 않아 제 기능을 발휘할 수 없다.

■ 청소년기 스트레스의 뇌는 말한다

일본 국립청소년진흥기구는 2015년 8월 30일, 한국 · 일본 · 중국 · 미국 등 4개국 고등학생 약 7,800명을 대상으로 실시한 설문조사 결과를 발표했다.

한국 청소년 10명 중 4명(41%)만이 국가에 대해 자부심을 갖고 있다고 했으며, "한국에 사는 것에 만족한다."는 응답도 절반 수준(55%)에 불과했다. 이것은 중국 88%, 일본 73%, 미국 67%에 비하면 매우 낮은 수준이다.

우리 청소년들은 N포 세대에 살고 있다

젊은 세대를 지칭하는 말은 그 시대상을 반영한다. 취업난에 시달리고 비정규직 일자리로 내몰리는 청년은 '88만원 세대'로 불렸다. 이어 연애 · 결혼 · 출산을 포기할 수밖에 없다고 해서 '3포 세대'라고도 했다. 내 집 마련과 인간관계까지 포기한 '5포 세대'라는 말도 있으며, 여기에 꿈과 희망마저 포기하는 '7포 세대'까지 등장했다. 한편, 최근에는 청년들이 다른 것도 다 포기해야 할 상황이라는 뜻에서 스스로를 'n포 세대'라고 부르기 시작했다.

졸업 후 취직이나 결혼 같은 미래 문제에 걱정이 없다면 어려움도 웃으며 견디겠지만 현실은 다르다. 졸업을 하면 취직이 문제이고, 취직하면 결혼이 걱정이고, 결혼하면 내 집 마련을 고민한다. 가치를 부여할만한 건 뭐든 포기하도록 내몰리는 n포 세대가 된 것이다. 한편 자영업자들도 경제 불황으로 인한 스트레스를 안고 있다. 젊은이뿐만 아니라 성인에 이르기까지 우리 국민들은 많은 스트레스를 받으며 살아간다.

스트레스를 유발하는 여건에는 물리적 스트레스, 생물학적 스트레스, 심리사회적 스트레스가 있다. 갑작스런 천재지변이나 대형사고, 약물 중독의 경우는 물리적 스트레스 사건이고, 세로토닌이나 도파민 등의 경우는 생물학적 스트레스라고 할 수 있다. 또한 사회생활을 하다가 배우자가 사망했다거나 실직, 배신, 좌절 등의 경험은 심리사회적 스트레스라고 할 수 있다.

경쟁사회, 정보사회에서는 심리사회적 스트레스를 유발한다

현대인의 질병 중 75% 이상이 스트레스에 의한 것이다. 그만큼 현대인은 스트레스를 받고 있으며 그 스트레스가 질병을 만들고 있다. 이러한 병을 심인성 질환이라고 하는데, 실제로 의사가 할 수 있는 일은 25% 정도이다. 따라서 정신건강의 문제는 우리 삶의 다양한 영역에서 다루어져야 한다.

스트레스는 뇌세포를 죽인다. 만성 스트레스는 코르티솔을 증가시켜 분노와 우울, 비만, 알츠하이머병, 골다공증, 고혈압, 심장병, 암을 포함한 여러 영역 체계의 기능을 감소시킨다. 스트레스가 계속 쌓이면 아드레날린과 코르티솔의 수치가 증가되며, 반면에 DHEA 테스토스테론 호르몬의 수치를 감소시킨다.

아드레날린과 코르티솔은 우리가 위협과 마주쳤을 때, 급성 스트레스가 나오도록 도우며, 도망갈 것인지 투쟁할 것인지, 즉 도피와 투쟁을 준비하게 된다.

심층정서영역에 위치한 시상하부는 부신피질 자극 호르몬 방출인자(CRF)라 불리는 화학물질을 분비한다. 그것은 다시 뇌하수체하부를 자극하여 부신피질 자극 호르몬인 ACTH를 생산하며, 다시 부신피질을 자극하여 코르티솔을 생산하며 부신수질을 자극하면 아드레날린(에피네프린)을 생산한다.

아드레날린은 동공을 확대시키고 손과 소화기관에서 팔과 다리의 큰 근육들과 피를 공급한다. 호흡량과 심박수를 증가시키고 체온은 낮춘다. 코르티솔은 에너지 생산을 위해 혈액의 흐름으로 들어가도록 글루코스, 지방 그리고 아미노산의 분비를 자극한다. 코르티솔의 수치는 만성적인 스트레스, 강한 운동, 임신, 우울, 불안, 그리고 카페인(하루 2~3잔)과 같은 자극제의 섭취로 인해 상승된다. 장기간의 스트레스는 혈액의 코르티솔을 증가시킨다.

만성적인 스트레스는 코르티솔의 수치를 높이고 뇌의 해마 세포를 수축시켜 기억 문제를 야기하며, 알츠하이머병에도 영향을 준다. 만성 스트레스는 우울증 등 모든 정신건강을 해치는 촉발인자로 작용하고 있다.

■ 외상 후 스트레스 장애는 말한다

여객선 세월호의 침몰은 대한민국 국민의 마음을 송두리째 슬픔과 애통함으로 들끓게 하였다. 고등학생을 포함해 304명이 사망하거나 실종되어 모두가 일손을 놓고 살아오기만 기다리던 노란 리본의 물결도 빛을 바래고 있다. 슬프다 못해 분노까지 일어나며 가슴을 애태우기까지 했다.

정신적으로 큰 사고를 당하고 나면 정신적 후유증이 나타나기 마련이다. 사건 발생 후 3일에서 1달 내에 증상을 보이면 급성 스트레스 장애라고 정신의학에서는 진단한다. 그러나 그 충격의 정도가 심하여 고통이 계속될 때, 1달이 넘어서면 외상 후 스트레스 장애(PTSD)라는 새로운 진단을 내린다.

급성 스트레스 장애가 모두 외상 후 스트레스 장애로 발전하는 것은 아니다. 대개 50% 정도가 만성으로 진행된다. 그러나 90%는 회복되고 10% 정도 정신적 후유증으로 그대로 남아 오랜 기간 고통스런 삶을 살기도 한다. 외상 후 스트레스 장애는 생후 1년 이후면 어느 연령에서든지 발병될 수 있다. 진단기준이 모두 충족되기까지 몇 개월에서 몇 년이나 지체되기도 하지만 보통은 외상 이후 첫 3개월 안에 증상이 시작된다. 증상의 지속 기간 또한 다양해서 절반 정도는 3개월 내로 완전히 회복되지만 12개월 이상 증상을 보이기도 하고 50년 이상 지속되기도 한다.

최초 발생되었던 외상을 계속 상기시킨다든가, 지속적인 생활 스트레스를 받는다든가, 새롭게 경험한 외상을 초래하는 사건 등으로 증상 재발과 강화로 병이 발병하는 것이다. 노년기에는 외상 후 스트레스의 발병률이 낮으나 체력이나 인지 기능이 약화되어 사회적 고립 등이 외상 후 스트레스 장애 증상을 악화시키는 요인이 될 수 있다.

극심한 스트레스 요인에 노출되었다고 해서 모든 정신장애가 외상 후 스트레스 장애는 아니다. 해당되는 증상이 악화되거나 병의 발생 이전에 회상을 초래하는 사건이 선행되어야 진단이 내려진다.

발생

1. 외상 사건은 직접 경험한 사람에게 발병

   전쟁이나 재해(자연 재해, 인적 재해) 심각한 교통사고, 신체적 폭력(신체학대), 세월호 여객선 침몰사건 등을 경험한 사람에게 발병된다.

2. 외상 사건을 직접 목격한 사람에게 발병

   위협적이고 심각한 사건을 목격했다든지 자식에게 발생한 의학적 참사 등을 목격했을 때 발병된다.

3. 외상 사건의 학습을 통한 간접 노출에 의해 발병

   가까운 친구나 친족에게 발생한 폭력이나 우발적 경험(폭력, 자살 등)

4. 외상 사건을 반복적으로 또는 지나치게 노출했을 때 발병

   시체를 많이 보는 119구조대원, 아동학대의 반복적인 노출을 경험한 경찰관, 특히 (MIU)유니폼을 입는 사람들/소방대원, 경찰(해경), 구조대원 ,군인(해군)

증상론

1. 외상 사건과 관련된 침투 증상(재경험)

외상사건을 반복적으로 재경험

고통스러운 꿈을 반복적으로 꾼다.

외상사건이 재발하고 있는 것처럼 느낀다.

행동하는 해리성 반응 심리적 고통, 생리적 고통

2. 외상 사건을 회피하려는 증상, 고통스러운 기억, 생각, 감정을 회피하려고 함, 고통스러운 외부 환경 (사람, 장소, 활동, 물건, 상황) 회피

3. 외상 사건과 관련한 부정적 인지와 부정적 감정 변화

· 해리성 기억상실

· 자기 자신, 타인, 세계에 대해 지속적인 과장과 부정적 신념(인지 오류)

"나는 나빠." "아무도 믿을 수 없어."

"이 세계는 완전 위험해." (배×, 수학여행×)

"내 전신의 신경계는 영구적으로 망가졌어."

· 온전한 감정 경험 못함/행복 만족/사랑 등

· 지속적인 부정적 경험/공포, 두려움, 분노, 죄책감, 수치 등

4. 외상 사건의 원인이나 결과에 의해 지속적이고 왜곡된 인지를 보이며 결국 자기 자신이나(내사) 타인을 탓하게 됨(투사)

5. 중대한 활동에 대한 관심이나 참여가 눈에 띄게 감소

6. 타인으로부터 고립과 소원함

7. 각성 반응 자율신경계기 긱싱

· 사람이나 물체에 의해 과민한 공격, 분노 표출

· 무모하거나 자기 파괴적 행동

· 과격성, 집중력 장애

· 수면장애(수면 시작이 어렵고, 수면유지가 어렵다)

우리나라 사람들은 정이 많은 민족이다. 세월호의 여객선 침몰이라는 사건 때문에 피해자와 생존자가 아파하고 슬픔과 애도하는 마음으로 온 국민이 동일시하고 했다. 그래서 국민적 집단 트라우마가 되어 자신이 정신적 피해를 받은 것처럼, 정신적 후유증에 빠져 불안과 공포, 불면에 시달리며 분노까지 일어났다. 어른뿐만 아니라 사회나 국가에 대한 불신까지도 생겼다. 더구나 이번 사고로 인해 피해자들이 받은 외상 후 스트레스가 사회 전역에서 확산되는 부작용을 낳고 있다.

우선, 유가족이나 실종자 가족이 겪는 고통에 애도하며 공감해주는 자세가 필요하다.

둘째는, 외상 후 정신장애는 모두 PTSD로 이어지는 것이 아니므로, 희생자 가족의 안전한 환경을 조성해 주는 것이 급선무이다.

셋째는, PTSD 장애가 되면 자율신경이 각성되어 분노, 공격성, 수면장애 등의 문제가 발생되므로 상담과 심리치료가 필요하다.

넷째는, PTSD로 발전된 환자들은 인지 오류로 인해 고통을 받게 되므로 인지행동치료 기법을 통해 회복하도록 한다.

다섯째, PTSD는 신경전달물질의 저하로 발생되므로 운동을 생활화하는 게 좋다. PTSD가 회복되어 외상 후 성장으로 가는 새로운 계기를 만들어야 한다.

PTSD의 치료를 위해서는 가까운 사람으로부터 지지를 얻고 공감하며 격려해주는 것이 기본적으로 필요하다. 치료기법으로는 이완요법을 적용하거나 인지행동치료, EMDR기법, 약물요법이 유효하다. 또 행동치료로서는 노출기법이나 체계적 둔감법이 사용되고 있다.

■ 중년기 여성의 우울증의 뇌는 말한다

여성은 남성에 비해 우울증 발병률이 2~3배 정도 더 높은 것으로 알려져 있다. 여성의 에스트로겐이라는 호르몬은 우울증과 연관을 갖고 있다. 여성이 월경전이라든가 폐경기에는 우울증에 더 잘 걸리는데, 바로 에스트로겐 때문이다.

에스트로겐이 부족하면 뇌에서 분비되는 세로토닌의 농도가 낮아진다. 세로토닌 농도가 낮아지면 여성은 우울해지거나 불안해지는 경향이 있으며, 초조감, 무력감, 수면장애, 과식, 성욕감퇴 등을 쉽게 느낀다. 또한 세로토닌의 농도가 낮아지는데, 이것은 에스트로겐이 세로토닌의 분해를 막는 작용이 있기 때문이다. 이처럼 에스트로겐의 농도가 낮아지면 월경 전이나 폐경기 여성에게서 우울증이 잘 나타난다.

여성은 감정의 뇌인 변연계가 남성보다 더 크다. 그래서 유대관계가 와해되었을 때 더 큰 충격을 받는다. 예를 들어 자녀나 배우자가 사망했거나 상실되었을 때, 뇌의 변연계는 과잉활성화되어 우울증으로 나타나게 된다.

변연계가 과잉활성화되면 부정적인 마음이 생겨서 사건을 부정적으로 해석하게 되고 우울증에 빠진다. 뿐만 아니라 변연계는 수면, 식욕, 성욕을 담당하는 곳이기 때문에 여기에서 모든 문제가 야기되고, 또 우울증에 조울증, 월경 전 증후군도 흔히 나타난다.

변연계는 신경전달물질인 세로토닌를 비롯하여 도파민이나 노르에피네피린이 부족해서 과잉활성화된다. 세로토닌의 부족은 전대상회의 과잉활성을 만들어 강박적 사고와 강박 행동을 하게 만든다. 대상회의 과잉활동은 주의를 전환시키는 데 문제가 있기 때문에 자동적으로 "NO"라는 말을 많이 사용하게 된다.

여성은 세로토닌을 만들어내는 속도가 남성에 비해 두 배 정도 느리다. 뇌 속에서 세로토닌이 만들어질 때의 속도를 측정하는 화상기술을 개발하여, 이 장치를 이용해 뇌 속에서 세로토닌이 만들어지는 속도를 측정하니 남성이 여성보다 52% 빠르다는 것을 발견하였다. 이러한 연구 결과로 인해 여성의 세로토닌 농도가 쉽게 떨어진다는 것을 알 수 있었다.

세로토닌 농도가 낮아지면 여성은 우울해지거나 불안해지는 경향이 있는 반면, 남성은 공격적이거나 알코올에 의존하기도 한다. 여성은 남성에 비해 스트레스에 더욱 약하다. 스트레스를 받으면 세로토닌의 농도가 급격히 떨어져서 우울증의 요인이 된다. 남성들은 직장생활을 통해 받은 스트레스를 동료들과 술이나 게임 등으로 풀 수 있으나 여성들은 직장과 가족관계에서 오는 스트레스를 풀 방법이 없어 신앙생활이나 기도를 통해 카타르시스를 한다.

우리나라 여성들이 스트레스를 쉽게 풀지 못하고 내면에 쌓아오다가 세계에서 유일하게 화병이라는 병명을 얻게 되었다. 화병은 분노증후군의 일종이면서 우울증과 연관된다.

우울증을 예방하고 치료하기 위해서는 트립토판이라는 아미노산이 많이 들어있는 음식을 먹는 게 좋다. 트립토판이 많이 함유된 식품은 어패류, 달걀, 두부, 땅콩, 바나나, 아몬드, 우유, 치즈 등이다. 트립토판을 영양 보조제로 섭취하면 뇌 속에 세로토닌이 늘어나 항우울제를 먹었을 때와 비슷한 효과를 볼 수 있다.

에스트로겐은 햇빛을 받으면 분비량이 늘어나지만, 현대인들이 햇빛을 받는 시간이 고작 한 시간 정도임을 감안할 때, 세로토닌을 분비하는 데는 크게 영향을 미친다. 더구나 겨울에는 일조량이 부족해서 더욱 문제가 된다. 스트레스 역시 세로토닌의 농도를 급격히 떨어뜨리는 요인이 된다. 그래서 리듬 운동으로 스트레스를 감소시키거나 몸을 부지런히 움직이는 것이 좋다.

고단백 식사를 할 때, 바나나나 과일 쥬스와 같은 당류와 함께 먹으면 신기하게도 뇌 속에서 세로토닌이 만들어지는데, 당류는 혈당치를 높여서 인슐린을 분비한다. 그리고 트리토판이 혈액 뇌관문을 통과하는 것을 이 인슐린이 돕는다. 우울해지면 유난히도 단 음식이 당기는 것도 인슐린을 분비해 트립토판을 뇌로 운반해서 세로토닌을 만들기 위한 것이다.

내 영혼아 내가 어찌하여 낙망하며 어찌하여 내 속에서 불안하여 하는고, 너는 하나님을 바라라 나는 내 얼굴을 도우시는 내 하나임을 오히려 찬송하리로다. (시편 42:11)

일반적으로 여러 연구에서 약 1/3의 노인들이 우울증에 시달리고 있다고 제시하고 있다. 한 연구에 의하면 이들 중 약 10%만이 치료를 받는다고 한다.

대부분의 노인은 우울하다

노인 우울증은 뇌의 질병으로 전문적인 치료를 받으면 증상이 좋아진다. 그럼에도 노인의 우울증은 무시되기 쉬워 제대로 치료를 받지 못하는 경우가 많다. 대부분은 나이가 들면 몸도 허약해지고, 치매증상도 보이며, 당연히 우울해질 것이라는 생각하고 있기 때문이다.

노인 우울증은 불쾌한 감정이나 슬픔 등의 정도가 가벼울 수 있다. 대신에 신체적 증상을 호소하는 일이 많기 때문에 가면우울증과 같이 알아차리기가 어렵다. 또한 노인이 되면 일에서의 은퇴, 주변의 친밀한 사람들과의 사별 등 슬픔이나 애통함을 느낄 수 있는 상황이 늘어난다. 따라서 우울증이 정상적인 슬픔과 혼동되기 쉽다.

노인들은 정신과적 장애를 수치심으로 생각하는 경향이 일반인들보다 더 높기 때문에 주위의 시선을 두려워한다. 또 간혹은 치료비 때문에 치료받는 것을 꺼릴 수도 있다. 때문에 노인우울증은 치료를 기피하는 결과로 증세가 더욱 악화될 수 있다.

우리나라도 최근에는 노령 인구가 폭발적으로 증가하고 있기 때문에 노인층에서의 우울증 발생률도 당연히 증가할 것이다. 사람은 누구나 늙어간다. 또한 이 노화현상을 막을 수는 없으며, 노인이 되면 의존성이 커져 우울증으로 인한 장애는 더욱 심각해지므로 노인 우울증은 특히 더 중요하다.

우울증과 자살

인구 10만 명 당 노인의 자살률은 세계 어느 국가에서도 찾아볼 수 없을 정도로 상상을 초월하는데, 2011년 65세 노인은 81.9명이 자살하였다. 미국 14.9명, 일본 17.9명에 비해 월등히 높은 자살률이다.

우울증에 걸린 노인들 중에 많은 경우가 우울증을 병으로 치료하지 않는 경향이다. 만약 우울증을 앓고 있는 노인이 제대로 치료를 받지 못하면 어떻게 될까? 결국, 자살이라는 비극적인 결과를 가져올 수 있다. 노인층에서의 자살률은 일반 성인층의 자살률보다 높은 편으로 이 원인으로는 우울증이 가장 많이 차지한다.

대부분 자살을 시도하는 노인들은 자살하기 전에 주위에 도움을 요청하기 때문에, 이 경우 항상 우울증을 염두에 두어 이를 가볍게 넘겨서는 안 될 것이다.

노년기에는 유형·무형의 많은 상실을 경험한다

노년기에는 육체적 상실, 역할의 상실, 관계의 상실 등을 피할 수 없다. 자신의 일에서 은퇴하게 되고, 가까운 사람들을 잃게 되며, 가족들과 떨어지게 되는 등, 일생에 있어서 여러 가지 부정적인 변화에 직면하게 된다. 그리고 이러한 변화에 반응해 슬퍼하고 애통해 하는 것은 당연한 현상이다.

이때 보이는 슬픔과 애통은 지극히 정상적이고 일시적인 반응으로 볼 수 있다. 그렇지만 슬픔과 애통이 다소 이상한 증상과 함께 나타나며, 사라지지 않고 수개월 이상 지속될 경우에는 우울증에 걸렸음을 생각해봐야 한다. 이 경우 상담전문가나 정신과 전문의와 상담해보고 치료를 받는다.

치료되지 않는 우울증은 면역계 등에도 악영향을 미쳐서 다른 질병에 쉽게 노출되는데, 노인의 경우 특히 그렇다. 다른 연령층에서의 우울증과 같이 노인도 심리사회적, 생물학적, 환경적, 그리고 유전적 요인들이 우울증을 생기게 하는 원인으로 작용한다. 또한 가족력을 갖기 쉽고, 부모로부터 그 자녀들에게 소인이 전달될 수도 있다.

유전적인 취약성이 존재하는 가운데 노인이 걸리기 쉬운 질병, 스트레스, 배우자나 가까운 친척과 친구들의 이별, 은퇴나 양로원 입소 등 주요 생활사의 변동 등이 우울증을 유발하는 계기가 될 수 있다. 그리고 노인은 여러 가지 신체적인 질병을 가지고 있는 경우가 많은데, 특히 항고혈압 약이 우울증을 동반하기도 한다.

노인 중에서도 여성이 특히 우울증에 걸리기 쉽다. 생물학적인 관점에서 여성이 호르몬의 변화가 두드러지게 나타나고, 누군가를 돌보고 같이 지내는데서 느끼는 스트레스도 여성들이 더 심하게 받는다.

독신자, 사별하거나 또는 이혼하여 혼자된 독거노인들, 그리고 주변에 돌봐 줄 사람이 없는 노인들도 우울증에 걸리기 쉽다. 심장질환, 뇌

졸중 및 골반골절 등의 신체적인 질환도 우울증을 일으키기 쉽다.

노년기 우울증의 치료

노인 우울증은 그 치료 경과가 가장 좋은 편이다. 우울증 진단이 정확하게 내려지면 대부분 약물치료, 심리치료 및 보충제요법 등으로 치료를 할 수 있다. 약물치료로 항우울제가 대부분의 우울증을 가진 노인에게서 효과를 볼 수 있다. 항우울제 치료에서 가장 중요한 것은 약을 지시대로 잘 복용하는지 여부이다. 또한 보충제 치료도 유용하다.

노인들은 갖가지 신체적인 질환 때문에 이미 여러 가지 약물들을 복용하고 있는 경우가 많아서 복합 처방으로 인한 부작용이 많기 때문에 항우울제를 투여할 때는 주의해야 한다. 전기경련요법은 그 방법상 편견 때문에 제대로 사용되지 않지만 노인환자에서의 부작용이 적으며 효과는 좋은 치료법이다.

정신사회적 치료는 노인환자의 관리에서 꼭 필요하다. 특히 인생의 위기가 닥쳤을 때, 주변에 돌봐줄 사람이 없을 때, 혼자서 일상생활을 하기가 힘들 때 특별한 관심이 필요하다.

우울증도 당뇨병이나 관절염과 같이 만성적인 질병이다. 지금 당장 좋아졌다고 해서 치료가 끝난 것은 아니다. 계속해서 좋은 상태를 유지해야 하고, 우울증이 다시 재발하는 것을 방지하기 위해서는 다른 연령층에서와 마찬가지로 좋아진 상태에서도 심리치료 또는 약물치료 등을 6개월 혹은 1년 이상 지속적으로 하는 것이 중요하다.

▼ 노인의 우울 증상

·모호한 신체 증상 ·불면 ·불안

·집중력과 기억력 저하(가성 치매)

치매의 뇌는 말한다

국내 치매환자 수는 빠르게 증가하여 2013년 58만 명(유병률 9.4%), 2024년 101만 명(유병률 10.2%)에 달할 것으로 예측되고 있다. 고령화 인구가 증가함에 따라 알츠하이머병은 엄청난 증가세를 보이고 있다. 1906년 학계에 처음 독일인 의사 알로이스 알츠하이머가 이 병을 소개할 때는 환자의 수가 12명 정도로 희귀한 신종 질병으로 알려졌으나 지금에 와서는 전 세계적으로 3,500만 명에 이르고 있다.(WHO, 2012년)

알츠하이머는 가장 흔한 병으로 전체 치매환자의 약 50~80%을 차지하고 있다. 국내 치매 환자도 58만 명으로 추산되며, 그 중 50%(29만 명)가 바로 알츠하이머병 환자이다.

알츠하이머병은 연령과 비례하여 발생한다. 65세는 1%, 75세는 6%, 90세가 되면 35%이다. 알츠하이머병은 우리나라 65세 노인의 5~10% 정도가 겪고 있는 것으로 추정된다. 노인 인구 700만 명(2016 통계자료)을 고려할 때 매 12분마다 1명씩 새로운 치매환자가 발생하는 것이다.

알츠하이머병은 흔한 퇴행성 뇌질환이다

우리는 100세 시대에 살고 있다. 100세가 되면 2명 중 1명이 치매에 걸린다, 치매를 일으키는 가장 흔한 퇴행성 뇌질환이 바로 알츠하이머병이다.

이 병은 기억력 장애로 시작해서 1단계 처음에는 방금 전에 배운 것을 잊어버리는 단기기억의 문제가 일어나고, 평소에 잘 알던 장소에서 방향감각의 상실이 일어나고, 상황에 따라 적절한 단어가 떠오르지 않는 언어기억장애도 일어난다. 그래도 때로는 메모를 하는 등의 방법으로 기억 상실을 보충할 수 있는 수준이 되고 일상 활동에도 아무런 문제가 없으며 오래전에 일어난 일도 잘 기억하는 단계이다.

그러나 제2단계 수준에 이르면 직업 활동과 가사 노동이 불가능해진다. 기억력이 심하게 훼손되어 불안과 초조, 수면장애, 우울증 등의 증상이 추가되어 나타난다. 이때는 말을 할 때, 사용하던 단어 숫자가 점점 줄어들기 시작하고 같은 단어나 문장을 계속 반속하게 된다.

우리나라 치매환자는 2011년 7,604건에서 2014년 8,207건으로 증가했으며 퇴행성 질환으로는 알츠하이머병과 뇌혈관성 질환에 의한 뇌손상이 원인인 혈관성 치매가 있는데, 이 두 가지가 치매 발병에서 차지하는 비율은 80~90%이다. 이처럼 지적 능력이 심각하게 떨어지지만 그래도 옷차림이나 행동, 감정 표현은 아직 정상적인 수준이다.

마지막 단계가 되면 혼자서는 생활할 수 없는 수준에 이르고 다른 간병인이 꼭 필요하게 된다. 왜냐하면 언어능력이나 언어 이해력은 물론 신체 기능의 통제력이 상실되고 환자가 하루종일 침대에 누워 있어야 하기 때문이다. 이때는 가까운 사람도 알아보지 못하며 분노와 슬픔 같은 격한 감정이 잦아진다. 가정에서는 간병이 불가능하므로 입원 치료 시설이나 전문 간병인에게 맡겨야 한다. 이러다가 평균 7~10년이 지나면 환자는 사망한다.

알츠하이머병은 신경세포를 죽인다

알츠하이머병에 걸린 뇌는 병이 진행되면서 점점 작아진다. 이는 무엇보다 대뇌의 피질이 파괴되는 것이 원인이다. 뇌의 피질 중에서도 측면 손상이 가장 두드러지는데, 이곳은 언어 정보 처리와 학습을 담당하는 부위로, 알츠하이머병 환자들이 일찍부터 언어장애와 기억력장애에 시달리는 이유도 그 때문이다.

처음엔 뇌의 피질에서 신경세포 접촉 지점의 숫자가 줄어들고 그로 인해 뇌의 정보처리 양이 점차 제한되다가 결국 신경세포 자체가 죽어간다. 병이 진행되면 뇌의 피질과 뇌의 다른 부위에서도 퇴화현상이 일어난다. 신경세포가 죽기 때문에 뇌 내부의 액체가 든 공동과 뇌 표면의 고랑이 점점 커진다. 겉으로 보기에도 잘 익은 호두 옆의 말라비틀어진 호두처럼 눈에 띠게 차이가 난다.

알츠하이머병은 신경세포 내·외부에 병적인 축적이 생긴다

신경세포가 죽는 원인은 알츠하이머병 환자에게서만 나타나는 특수한 두 가지 변화 때문이다. 첫째 신경세포 내부에 작은 섬유 다발이 형성되는데, 원래는 신경세포의 정상적인 구성 요인이지만 이것들이 모여 쌓이게 되면 문제가 발생한다. 둘째 신경세포 외부에서 단백체의 조각들이 모여 쌓인다. 이 단백체 역시 원래는 신경세포의 벽에 자리하여 신경세포가 소통할 때 접촉 지점에서 중요한 역할을 한다.

그런데 이 두 가지 변화가 아직 밝혀지지 않은 과정을 거쳐 신경세포의 벽에 자리하여 신경세포가 소통할 때, 접촉 지점에서 신경세포의 죽음을 유발한다. 스트레스를 받으면 신경세포가 손상을 입는데, 이때마다 비정상적인 단백질이 뇌 조직에 쌓여 찌꺼기가 독성물질로 변하여 베타 아밀로이드가 된다. 알츠하이머 치매의 대부분은 이 베타 아밀로이드가 많이 쌓여 생긴다.

축적 현상은 신경세포 사이뿐 아니라 뇌혈관 벽에서도 발견되며, 정원의 호스를 발로 밟을 때처럼 혈관의 벽을 좁게 만들거나, 정원의 호스가 햇빛을 너무 많이 받아 삭았을 때처럼 혈관을 터뜨려 뇌의 혈액순환을 방해할 수 있다.

나이가 들수록 알츠하이머병에 걸릴 위험이 높아진다

알츠하이머병의 빈도는 연령과 비례한다. 65세 이하에서는 1퍼센트이던 발병률이 75세가 되면 6퍼센트로 늘어나고 90세가 되면 무려 35퍼센트로 늘어난다. 대체적으로 보았을 때, 65세에 1퍼센트로 시작하여 5년이 지날수록 발병률이 두 배로 커져 70세가 되면 2퍼센트, 75세가 되면 4퍼센트가 되는 식이다.

알츠하이머병은 뇌의 신경세포가 죽어서 뇌가 작아지게 되며, 이는 무엇보다도 대뇌피질세포의 점진적인 퇴행성 변화로 뇌의 피질이 파괴되어 생긴다. 뇌의 피질 중에서도 측두엽의 손상이 가장 두드러지는

데, 이곳은 언어 정보 처리와 학습을 담당하는 부위로 알츠하이머병 대부분의 환자들이 일찍부터 언어장애와 기억력장애로 시달리는 이유도 그 때문이다.

알츠하이머병이 나타나는 초기 단계에는 신경세포를 유지시켜 병의 증상을 1~2년 지연시키는 여러 약물들이 나오고 있다. 따라서 병의 발병을 5년만 늦출 수 있다면 알츠하이머병 환자의 숫자는 절반으로 줄어들 수 있다. 대부분의 노인들은 이 병에 걸리기 전에 다른 자연적인 원인으로 사망할 수 있다.

우리는 나이가 들면서 잘 잊어버린다고 무조건 알츠하이머병의 징후라고 생각할 필요는 없다. 망각은 우리 뇌의 중요한 정서적 기능이기도 하다. 불필요한 정보를 삭제하여 뇌 저장고를 비우기 위해 망각이 필요하기도 하며, 나이가 먹으면서 친하지 않는 사람의 이름을 잊어버리는 정도는 지극히 정상이라 할 수 있다.

유엔 미래 포럼에 의하면 2030년이면 인간의 평균 수명이 130년이라는 놀라운 수치를 예견하는데, 100세가 되면 2명 중 1명이 치매에 걸리므로 치매 예방은 필연적이라 할 수 있다.

그러면 알츠하이머병을 예방하려면, 평소에 검은 참깨나 들깨, 콩, 호두, 사과, 바나나 등을 섭취하면 좋고, 족욕이나 반신욕 그리고 만보 이상 걷기 운동을 하는 것이 질병 예방에 가장 좋으며, 보충제로서는 포스파티딜세린(PS), 노루궁뎅이버섯이 좋다고 알려져 있다.

■ 수면의 뇌는 말한다

우리나라의 수면장애는 30%를 웃돌아 OECD 18개 국가 중에서 잠을 가장 적게 자는 나라로 기록되어 있다. 우리의 몸은 생체 메커니즘에 의해 살아 움직이며, 그 중에서도 자율신경은 자신의 의지와 상관없이 스스로 기능을 한다.

수면의 원리

인간은 매일 밤 주기적인 잠을 자고 아침이 되면 일어난다. 신체가 평정한 상태를 유지하려고 노력하는 모든 현상을 가리켜 '항상성의 원리'라고 부른다. 수면도 이 원리에 따라 우리 몸을 24시간 주기로 잠과 각성 상태를 유지하며 반복한다.

수면을 이루는 첫 번째 원리는 각성 체계를 억제하여 잠을 이루는 것이다. 여기에 수면과 관련된 유도 물질인 아데노신(adenosine)과 프로스타글란딘(prostaglandin II)이 있다. 아침에 일어나서 활동을 하게 되면 뇌간에 점차 아데노신이 쌓이고, 각성을 담당하는 기저전뇌(Basal Forebrain) 세포들은 아데노신 수용기를 갖고 있어 각성을 억제한다.

밤이 되면 아데노신의 양이 최대치에 달해 잠이 들게 된다. 그런데 카페인이나 탄산음료를 먹게 되면 바로 이 아데노신의 작용을 방해하여 각성상태로 깨어서 잠을 못 이루는 것이다. 또한 수면은 뇌척수액에 들어 있는 수면 촉진 물질인 프로스타글란딘의 영향을 받는다. 수면 물질에는 10여 종이 있으나 가장 강렬한 작용을 하는 이 물질은 뇌 척수액을 매개로 하여 뇌 전체에 전달되어 신경회로에 네트워크 활동을 변화시킨다. 이 물질도 낮 동안에 축적되어 각성을 증가시키는 시상하부 세포들을 억제하고 신경세포(뉴런)를 자극하여 수면을 유도한다.

수면을 이루는 총체적 원리는 생체시계에 의해 조절된다. 생체시계는 뇌의 시상하부에 있는 시교차상핵이라는 곳에 있는데, 우리 몸의 24시간 리듬을 조정하는 핵심 조율자이다.

기억의 뇌는 말한다

기억의 종류에는 단기기억인 작업기억, 서술기억인 장기기억, 기능기억인 절차기억으로 다음과 같이 크게 3가지로 나눌 수 있다.

기억의 뇌, 해마의 기능

새로운 서술기억에 관계하는 것이 해마이다. 해마는 정보를 분류하고 저장하는 곳이다. 해마는 기억 내용을 저장하는 방식과 어떤 걸 기억할지를 담당한다.

가령 아침에 먹은 음식이 뭔지는 별로 중요하지 않기 때문에, 해마는 그런 정보를 단기기억으로 보낸다. 그 기억들은 곧 사라지기 때문에, 특이한 음식이 아니라면 우리가 지난 주 수요일 아침에 뭘 먹었는지 기억하지 못할 것이다.

한편 뜨거운 토스터에 손가락을 데었다면, 해마가 그 사실을 기억해 두는 게 좋다고 판단하여 그 정보를 장기기억에 보낸다.

해마는 우리가 기억해야 할 내용, 가령 친한 사람들의 이름, 수학공식, 자기 전화번호와 같은 것들을 적절한 곳에 저장시키는 장치이다.

기억을 축적하는 것은 해마가 아니다

이것으로부터 알 수 있는 것은 HM은 수술한 후의 새로운 서술기억을 가질 수 없다는 것이다. 반면 수술 전의 일은 정확히 기억하고 있었으며, 수영이나 자전거 타기 같은 절차기억에도 문제는 없었다.

이런 사실로 어떤 것을 생각할 수 있을까? 해마는 기억에 관계하는데, 그것은 새로운 서술기억을 만드는 것에 관계한다는 것이다. 그리고 해마 제거 수술 전의 절차적 기억은 남아 있었기 때문에, 해마는 절차기억에는 관계하지 않는다는 것을 알 수 있다.

대뇌피질의 측두엽에 저장되는 절차기억

그럼 기억을 저장해 두는 곳은 어디일까? 해마가 아니라 대뇌피질의 측두엽이다. 왜냐하면 이 부분을 전기적으로 자극하면 과거의 기억이 되살아나기 때문이다.

다만 자극하는 장소에 따라서 되살아나는 기억의 내용이 다르다. 즉 뇌의 부위마다 다른 기억이 담겨져 있는 것이다. 측두엽은 장기기억의 뇌 부위이다.

단기기억 / 작업기억

시간적으로 짧은 기억에는 1분 이내의 단기기억, 조금 긴 근시기억, 그리고 달과 년 단위의 원격기억이 있다. 단기기억을 작업기억이라고도 한다. 단기기억을 자주 사용하다보면 장기기억이 될 수 있다.(군번,

주민등록번호)

➤ 필요한 것 이외의 짧은 기억은 잊어버린다

단기기억은 5분 정도 지나면 망각하게 된다. 이 기억 덕분에 방금 만난 사람의 이름, 정심에 먹은 음식, 누군가 불러준 전화번호를 기억하게 된다.

➤ 단기기억은 두정엽에 의해 좌우된다

단기기억은 생각이 장기기억으로 넘어가기 전 최초 30초~1분 동안 저장되는 것이다. 단기기억은 청각기억과 시각기억으로 되어 있으면, 개인의 학습능력과 기본적 각성능력의 척도가 된다. 이것은 두정엽과 아세틸콜린에 의해 좌우된다.

➤ 작업기억은 단기기억이라고도 한다

일상적인 계산이나 대화를 할 때 기억에 담아두었다가 그것이 끝나면 잊어버리는 것을 작업기억이라 한다. 정보의 자극을 흡수하고 이를 계속 저장하는 능력과 관련이 있으며, 전두엽과 도파민에 의해 좌우된다. 가게에서 물건을 사고 금액이 얼마인지 곧 잊어버린다. 어제 먹은 점심식사를 무슨 음식을 먹었는지 잊어버린다. 즉, 작업기억은 전두엽의 한 부분을 이루는 중앙집행부는 행동 계획을 세우고, 뇌의 다른 영역에서 필요로 하는 정보를 불러낸다. 시각 정보와 언어 정보가 처리되는 두 가지 신경 순환 고리도 이 부위에 존재한다. 마치 메모장처럼 사용되는 부분으로, 정보를 일시적으로 보관했다가 다른 정보가 들어오면 원래 있던 정보를 지워나간다.

장기기억 / 서술기억, 절차기억

장기기억에는 두 종류가 있는데 서술(진술)기억과 절차기억이다. 서술(진술)기억은 다시 일화기억과 의미기억으로 나눌 수 있다. 서술기억은 의식기억, 외현기억이라고도 불린다.

절차기억은 피아노 치는 것을 한 번 기억하면 계속 잊지 않는 것이며, 서술기억은 '초등학교 졸업식에서 너는...' 하는 식으로 옛날 일을 돌아보고 그것을 그려내어 이야기 할 수 있는 기억이다.

일화기억은 '~을 기억합니까?' 하는 질문의 답이 되는 기억이라 할 수 있는데 반해, 의미기억은 '~을 알고 있습니까?'라는 질문의 답이 되는 기억이라 할 수 있다. 일화기억은 사건을 기억하는 기억이며, 의미기억은 아는 내용에 대한 기억이다.

운동기억 같은 절차기억은 소뇌에 축적되어, 대뇌피질의 신경세포가 감소되어도 잊어버리지 않으며, 암묵기억, 신체기억이라 부르기도 한다.

수영이나 악기연주는 절차기억이다

어릴 적 배운 자전거 타는 법이나 수영, 자동차 운전, 악기 연주 같은 몸으로 기억한 것은 5년, 10년이 지나도 결코 잊어버리지 않는다. 이것은 장기기억 중 절차기억이다. 시험공부에서 역사나 화학기호를 외울 때에는, 다시 말해 서술기억은 머리로 기억하는 느낌이 드는데, 절차기억은 '몸으로 기억하라'는 말처럼 머리가 아닌 몸의 어딘가에 기억하고 있는 것처럼 느껴진다. 그러나 절차기억도 뇌가 기억하는 것이다.

절차기억은 소뇌에 기억해 둔다

자동차의 운전을 배울 경우를 생각해보자. 처음에 우회전을 할 때에는 차의 핸들을 오른쪽으로 회전시키고, 신호등에 빨간불이 켜지면 브레이크를 밟는다는 것을 머리로 생각하고 몸이 움직인다. 이때에는 대뇌피질이 작용한다. 그러나 이것을 반복하는 동안에 운동기억이 소뇌에 축적된다. 그리고 대뇌피질의 명령을 일일이 받지 않아도 할 수 있게 된다. 때문에 나이가 들어서 대뇌피질의 신경세포가 감소해도 운동기억만은 제대로 남아 있다. 절차기억에 또한 대뇌기저핵이 관계한다.

기억력 향상의 효과적 범위

기억이 남는 이유는 시냅스 설이 있다. 신경세포가 특정한 정보에 대응하는 시냅스를 만들어 기억으로 남긴다는 것이다.

감각기관에 의해 외부에서 들어오는 정보는 대뇌피질에 전달된다. 이 정보는 전기 신호로, 이것이 신경세포를 자극하면 이들을 연결하는 시냅스가 변화한다. 전기 신호의 정보, 즉 기억되는 내용에 맞춰 시냅스의 수가 증가되거나 능률이 좋아져서 점차 고정화되는 것이다. 이렇게 하여 특정 정보에 대응한 시냅스가 형성되는 것으로 기억이 남는다는 것이 시냅스 설이다.

콩제품과 달걀은 기억력 향상에 도움이 된다

기억력 향상에 도움이 되는 물질은 아세틸콜린으로, 이것은 가장 먼저 발견된 신경전달물질로서 기억, 학습, 각성 등의 작용을 높인다.

콜린이라는 물질이 뇌 속으로 들어가 아세틸콜린이 되는데, 식사를 통해 콜린을 보충하는 것이 좋다. 구체적으로는 콩 제품과 달걀이다. 특히 콩은 건강에 좋으므로 콩 발효 식품이나 두부 등을 매일 섭취하는 것이 좋다.

공부 후 TV 보거나 스트레스 받으면 기억을 상실한다

충분한 수면도 중요하다. 기억한 후에는 잠을 자는 것이 좋다. 잠이 오는 것을 억지로 참으면서 공부하면 효율도 떨어지고, 애써 외운 것도 잊어버린다. 공부한 후 잠을 자는 것이 외운 것을 적게 잊는다. 잠을 자면 그 동안 뇌의 피로는 회복되고, 또 다른 정보가 들어오지 않기 때문에 먼저 외운 정보를 정착시킬 수 있다.

반대로 공부하고 그 뒤에 텔레비전을 보거나 스트레스를 받으면 외운 것을 잊어버리게 된다. 텔레비전뿐만 아니라 공부한 직후에 충격을 받는 일이 있으면 애써 외운 것을 잊게 된다.

섬유아세포성장인자(FGF)의 증가는 기억력을 높인다. 따라서 음식물을 섭취 후 2시간 정도 지나면 뇌의 성능이 향상된다.

참고문헌

Amen G. Daniel, 2005, making a good brain, newyork; random house, inc

American Psychiatric Association, 1968, Diagnostic and Statistical Manual of Mental Disorder : DSM-Ⅱ, 2nd edn. Washington D.C.

American Psychiatric Association, 1980, Diagnostic and Statistical Manual of Mental Disorder : DSM-Ⅲ, 3rd edn. Washington D.C.

American Psychiatric Association, 1987, Diagnostic and Statistical Manual of Mental Disorders-Revised : DSM-Ⅲ-R, 3rd edn. Washington D.C.

American Psychiatric Association, 1994, Diagnostic and Statistical Manual of Mental Disorder : DSM-Ⅳ, 4th edn. Washington D.C.

American Psychiatric Association, 2000, Diagnostic and Statistical Manual of Mental Disorder : DSM-Ⅳ-TR, Washington D.C.

American Psychiatric Association, 2013, Diagnostic and Statistical Manual of Mental Disorder : DSM-5, Washington D.C.

Benes, F. M. 1989, Myelination of corticalhippocampal relays during late adolescence, Scbizopbenia Bulletin, 15, 585-593

Braverman, E.R, 2005, The Edge Effect, Sterling pub, co,

Cozolino L. 2010 The Neuroscience of Psycotherapy. Newyork ; norton

Diamond M. & Hopson J 1999 Magic Trees of the Mind. A plume book

Goel, V., & Dolan, R, J. 2003. Reciprocal neural response within lateral and ventral medial prefrontal cortex during hot and cold reasoning. neuroimage, 20, 2314-2321.

Jensen,E. 2000, Brain-Base Learning, reality check ; Educational leadership p.57, p.76-80

Schultz, W., Tremblay, L., & Hollerman, J. R. 2000. Reward processing in primate orbitofrontal cortex and basal ganglia, cerebral cortex, 10, 272-283

Leaf. C. 2013 Switch on your Brain. Baker books

Allen. J.G.2013, 권정혜, 김정범, 조용래 최혜경, 최윤경, 권효인 공역, 트라우마의 치유 서울 ; 학지사
Braverman, 2009, 이문영 역, 뇌체질 사용성명서, 서울 ; 북라인
Britanica, 2014, 뇌의 발견, 서울; 아고라
Carlson N.R, 2008, 생리심리학의 기초 서울 ; 시그마프레스
Carten L., 2010 ,정성준역, 뇌 The Brain book, 서울; 커뮤니티
Cozolino L., 2002, 강철진, 이영초 공역, 정신치료의 신경과학, 서울 ; 학지사
Joseph LeDoux, 2005, 김봉균 역, 시냅스와 자아(*Synapse self*), 서울 ; 동녘 사이언스
Newguist H. 2014. 김유미 역, 위대한 뇌(*The Great Brain Book*). 서울 ; 해나무
Satosi ikuta. 2012. 김세원 역, 뇌와 마음을 지배하는 물질 서울 ; 하서
Tomoda akemi, 2016, 유수양 역, 치유되지 않는 상처 서울 ; 군자출판사

김은준, 2013. 무엇이 정신질환을 일으키는가. 생물학 명강① 서울 ; 해나무
고재원, 2015, 시냅스에는 어떤 비밀이 숨어있는가, 생물학명강② 서울 ; 해나무
대한신경정신의학회, 1997, *Textbook of Neuropsychiatry*(신경정신의학) 2nd Ed., 중앙문화사
박문호, 2008, 뇌 생각의 출현, 서울 ; 휴머니스트
손매남, 2009, 뇌치유상담 지침서, 서울 ; 한국상담개발원.
_____, 2010, 목회정신병리학, 서울 ; 한국상담개발원
_____. 2011, 뇌치유상담학. 서울 ; 한국상담개발원
_____, 2013, 뇌기분장애 치유상담, 서울 ; 한국W상담개발원.
_____, 2013, 뇌불안장애 치유상담, 서울 ; 한국상담개발원.
_____, 2014, 뇌정신적 외상 치유상담, 서울 ; 한국상담개발원.
_____, 2015 뇌충동조절장애 치유산담, 시울 , 한국상담개발원
_____. 2015. 뇌를 알면 행복이 보인다. 서울 ; 피앤피북
조진원, 2015, 달콤한 생명과학, 서울 ; 해나무
한진희, 2015, 어떤 신경세포가 기억을 저장하고 불러일으키는가, 생물학명강③, 서울 ; 해나무
히데오미, 2003, 홍서인 역, 뇌력사건, 서울 ; 북스캔
KBS 파노라마 신의 뇌 제작진, 2015. 뇌, 신을 훔치다. 인물과 사상사